6MOIS

Derrière ce numéro, il y a le rire et la joie de vivre de Martina Bacigalupo qui, à chacun de ses passages, a éclaboussé nos bureaux de son énergie. Cette photographe italienne s'est installée au Burundi, petite enclave dans l'immensité du continent africain. *« Mais pourquoi as-tu choisi le Burundi ? »*, lui demanda un jour sa mère. *« Et toi, pourquoi as-tu choisi papa ? »*, lui répondit-elle. *« Ah, ton père m'est tombé dessus. » « Eh bien moi, le Burundi m'est tombé dessus. »* Tout est dit.

Derrière ce numéro, il y a beaucoup de reportages qui nous sont tombés dessus. En quelques mois, la nouvelle de l'existence de *6Mois* s'est propagée parmi les photographes, et les propositions affluent. Nous avons découvert les autres au hasard de nos recherches et des recommandations de *celle qui a vu celui qui a vu* un reportage, évidemment exceptionnel mais qui ne l'est pas toujours. Parfois, il suffit de trois clics. D'autres jours, nos recherches sont dignes d'un cabinet de détectives. Pourquoi ce reportage emporte-t-il l'adhésion et non celui-là ? L'émotion ne s'explique pas, elle se ressent, parfois physiquement. Des fourmis dans le dos, des yeux embués, un regard hypnotisé... Après, il faut trier et organiser les récits pour qu'ils se répondent.

Derrière ce numéro, il y a la démarche chaloupée de Guillaume Bonn, et sa question au bout de deux rendez-vous de travail sur ses photos du Kenya : *« Au fait, est-ce que vous payez les photographes pour la publication ? »* L'interrogation en dit long sur une profession qui a pris l'habitude d'être malmenée et rémunérée en monnaie de singe (la vitrine de la publication ou de la vente en galerie contre la gratuité des photos). C'est justement contre cette inversion de l'ordre des choses que *6Mois* s'est construit.

Derrière ce numéro, il y a la découverte de quelques photos en couleurs sur la Chine de Mao, qui s'affichent sur le site d'une galerie à Pékin, nos courriels et nos appels restés sans réponse. Reporter indépendant en Chine, Jordan Pouille est appelé à la rescousse. Il remonte le fil jusqu'à l'auteur des images, qui vit désormais dans un HLM pékinois et dont le destin vaudrait dix livres. Dans le fouillis de ses CD-ROM en forme de boîte à trésors, au milieu de ses photos de famille, il déniche des centaines d'images qui disent la folie maoïste.

Derrière ce numéro, il y a la passion d'Evguenia Arbougaïeva, installée à New York mais qui n'a jamais oublié sa Sibérie natale et la petite fille heureuse qu'elle a été dans le froid et le vent du Grand Nord russe. Il y a la voix de Mohammad Golchin, depuis ses montagnes, au bout d'une ligne qui coupe toutes les demi-heures, racontant en farsi la vie des écoliers iraniens, si proches, si loin. Derrière ce numéro, il y a le travail des journalistes de la rédaction de *6Mois* à le recherche des compagnons du devoir allemands, qui n'ont pas hésité à passer le réveillon du Nouvel An dans une boîte heavy métal à Freibourg, ou à remonter la piste des propriétaires de navires échoués en Méditerranée, en faisant du porte-à-porte sur les quais de Sète ou en passant des jours à débusquer les sociétés-écrans dans les paradis fiscaux.

Derrière ce numéro, il y a tant de rencontres et de discussions qu'une page d'éditorial n'y suffit évidemment pas. A partir d'aujourd'hui, une autre histoire va prendre la place de notre agitation. Une fois imprimé, *6Mois* vous appartient. Les images et les mots prennent un autre sens, puisque vous les découvrez sans jamais en avoir entendu parler, sans connaître les visages ni la voix des auteurs. Vous les lisez avec votre mémoire, votre sensibilité et votre curiosité. Une autre histoire commence : la vôtre •

Laurent Beccaria,
Patrick de Saint-Exupéry,
Marie-Pierre Subtil

PS : le n°1 de 6Mois a dépassé les 42 000 exemplaires, presque le double des objectifs. Sans l'écho médiatique du lancement, le n°2 a poursuivi l'élan avec 39 000 exemplaires. C'est un résultat étonnant. Généralement, les numéros deux atteignent seulement la moitié des ventes du numéro de lancement. L'aventure de 6Mois démarre donc sur les chapeaux de roue. Merci !

SOMMAIRE

« Des habitants d'Athènes organisent des distributions alimentaires. Celle-ci a lieu le 4 janvier 2012 sur la place de la mairie. »
Giorgos Nikolaidis

Page précédente :
« Une des plus grosses manifestations se termine, à Athènes, le 19 octobre 2011. Cet homme, probablement un fonctionnaire, s'est couvert le visage de Maalox, un médicament contre les maux d'estomac qui, dit-on, protègerait des gaz lacrymogènes. »
Michalis Karagiannis

Retour sur...

LA GRÈCE SOUS LE CHOC

Les onze millions de Grecs ont été les premiers à subir de plein fouet la récession qui frappe l'Europe. Trois ans après le début de la crise financière, leur quotidien est bouleversé. Les photographes grecs du collectif Phasma[2] en témoignent.

« Les mairies, les organisations humanitaires, les Eglises servent 20 000 repas par jour, dont la moitié à Athènes. Les sans-abris viennent, mais on voit aussi beaucoup de familles démunies et de retraités. »
Giorgos Nikolaidis

« Les entrées de ministères sont presque toutes occupées. Il y a toujours une grande banderole avec le mot "Katalipsi", qui signifie "capture". Un terme que les Grecs utilisent pour dire "occupation". »
Milos Bicanski

« Avant, personne n'osait cueillir les citrons, les oranges et les olives sur les trottoirs, à cause de la pollution et parce que c'était embarrassant de le faire en public. Maintenant, les scènes comme celle-ci, prise près de l'Acropole, sont devenues banales. »
Iakovos Hatzistavrou

« Des archéologues manifestent en silence sur le site de l'Acropole, le 12 octobre 2011, pendant les cérémonies qui commémorent chaque année le 12 octobre 1944, date de la victoire sur les nazis. Les grèves se multiplient dans le pays, les salariés du service public s'opposent aux retraites anticipées et aux départs de fonctionnaires. »
Louisa Gouliamaki

« Slaviana Chekirova, 23 ans, est née en Hongrie. Elle est arrivée en Grèce à 13 ans. Son mari, grec, travaille à temps partiel, et elle n'a pas retrouvé d'emploi après avoir accouché. Les temps sont durs pour la famille. »
Iakovos Hatzistavrou

« L'aciérie d'Aspropyrgos, à une quinzaine de kilomètres d'Athènes, est en grève depuis soixante-trois jours. La direction veut soit licencier la moitié du personnel, soit passer à la semaine de quatre jours. Le réveillon s'est transformé en soirée de soutien, des habitants sont venus avec des cadeaux. »
Michalis Karagiannis

« Le 1er janvier 2012, la municipalité d'Athènes organise un repas pour le Nouvel An. En quelques mois, le nombre de personnes fréquentant les banques alimentaires a quadruplé. »
Louisa Gouliamaki

Eté 2010. *Bibi Aisha devient le symbole de la cruauté des talibans.*

L'image

L'ICÔNE RECONSTRUITE

En 2010, la photo de cette jeune Afghane mutilée par des membres de sa belle-famille faisait la « Une » du magazine « Time ». Aujourd'hui âgée de 21 ans, Bibi Aisha vit aux Etats-Unis. Elle doit retrouver son visage après une série d'opérations.

Qu'est devenue Bibi Aisha ? La photo de la jeune Afghane, couronnée en 2011 par le prestigieux prix World Press, a fait le tour du monde. Parue à la « Une » du magazine américain *Time* à l'été 2010, elle avait provoqué une polémique. Non pas que l'image du beau visage, même défiguré, ait choqué, mais en raison du titre de l'hebdomadaire : *« Ce qui arrivera si nous quittons l'Afghanistan. »* Quand *Time* lui a demandé des images d'Aisha pour illustrer un article de la journaliste Aryn Baker sur le sort des Afghanes, la photographe Jodi Bieber était loin d'imaginer que sa photo allait *« provoquer une telle hystérie ». « Les gens l'ont exploitée à leurs propres fins,* dit-elle. *Certains m'ont reproché d'avoir transformé Aisha en objet. D'autres ont utilisé le cliché comme preuve de la sauvagerie des musulmans. Mais je ne regrette rien. »* Bibi Aisha n'est plus à Kaboul. Elle a quitté le refuge pour femmes où la Sud-Africaine Jodi Bieber l'a prise en photo.

2011, à New York. *Bibi Aisha est restée sous la protection d'une association d'aide aux femmes afghanes. Certaines ne veulent pas apparaître dans la presse.*

A l'époque, elle est sous la protection de Women for Afghan Women (WAW). Des soldats américains l'ont confiée à cette organisation humanitaire, basée dans la capitale afghane et à New York. Bibi Aisha n'a plus de nez. Ses oreilles ont été sectionnées à la serpe. Un chirurgien de Los Angeles, le docteur Richard Grossman, a fait venir Aisha en 2010 pour lui redonner un visage. Elle a passé plusieurs semaines en Californie en attendant les opérations. Comme elle était psychologiquement trop fragile, le chirurgien a décidé de reporter les interventions à plus tard et de lui offrir une prothèse nasale en attendant. Aisha est retournée à New York, sous la tutelle de WAW. En novembre 2011, elle a été prise en charge par une famille afghane dont le lieu de résidence aux Etats-Unis est gardé secret, et qui a demandé pour elle l'asile politique.

Quelques semaines plus tôt, Aisha m'a fait visiter son quartier du Queens, où vit la communauté afghane de New York. Elle partageait un deux-pièces avec une jeune compatriote, fabriquait des bijoux, prenait des cours d'informatique et d'anglais au siège de WAW, près de chez elle.

A 14 ans, elle a été donnée en mariage par son père en échange d'une dette. Au bout de quelques mois, elle a fui.

De temps en temps, elle se rendait à Manhattan pour y faire les boutiques.

Elle m'a dit aimer les vêtements, le strass et le maquillage. Elle était rieuse, volubile et affectueuse, du moins jusqu'à notre entrée dans un restaurant afghan où déjeunaient des hommes en turbans. Elle les a dévisagés d'un air à la fois consterné et effronté. *« Ils m'effraient,* m'a-t-elle chuchoté à l'oreille. *Ils me rappellent les talibans. Il y a une mosquée au 1er étage. »* Aisha ne portait pas le foulard. Elle s'est mise à les fixer d'un air rebelle qui voulait dire *« Ici, vous ne pouvez rien contre moi »*, tandis que les hommes en turbans l'examinaient d'un air sévère.

L'interprète m'a expliqué que pour Bibi Aisha trouver un mari relèverait du miracle. La culture afghane interdit aux filles de fréquenter des garçons, même sur le sol américain. Elles sont considérées comme souillées par leur séjour en Occident. Si elles retournent en Afghanistan, aucun homme ne voudra d'elles. Quant aux Afghans installés aux Etats-Unis, ils préfèrent aller chercher une femme soumise au pays. *« Nous sommes presque certainement condamnées à rester célibataires »*, a conclu Aisha en riant, avant de me désigner du regard le propriétaire du restaurant, un bel Afghan auquel elle n'a cessé de jeter des coups d'œil furtifs en gloussant. *« Il est beau, non ? Mais il doit être marié. »*

Traitée en esclave

Du couple, Aisha n'a qu'une idée floue. A 14 ans, elle a été donnée en mariage par son père en échange d'une dette, mais elle n'a jamais rencontré son mari, qui vivait au Pakistan avec une autre épouse.

Sa belle-famille l'a donc reçue en offrande et immédiatement traitée en esclave. Au bout de quelques mois, bravant toutes les coutumes, Aisha a fui. *« Je n'en pouvais plus »*, dit-elle simplement. Elle a demandé refuge à son père, qui l'a ramenée illico chez ses tortionnaires. En punition, son beau-père et ses beaux-frères l'ont menée à l'orée du village. Après l'avoir horriblement mutilée, ils l'ont laissée pour morte dans une mare de sang. Seul son beau-père a eu à en répondre : il a fait six mois de prison •

Armelle Vincent

L'image controversée. *La destruction du World Trade Center vue de Brooklyn.*

THOMAS HOEPKER

Débat

QUESTION DE POINT DE VUE

Le 11 septembre 2001, Thomas Hoepker photographie le World Trade Center en feu depuis Brooklyn. Lui-même juge le cliché inapproprié, il ne le publie pas. Dix ans plus tard, sa photo, parue entretemps dans un livre, fait l'objet de toutes sortes d'interprétations.

C'est l'histoire d'une photographie du 11-Septembre jugée inconvenante, taboue et mise au purgatoire. A l'époque, son auteur, l'Allemand Thomas Hoepker, photographe de Magnum, la trouve si inappropriée qu'il décide de la bannir d'une exposition et d'un livre que son agence consacre au double attentat de New York.
Jusqu'en 2006, Thomas Hoepker est donc le seul à connaître l'existence de ce cliché en couleurs, remarquablement cadré, pris depuis Brooklyn. Au premier plan, un groupe de cinq personnes discute, par une belle journée ensoleillée. Rien que de très banal. Sauf qu'au second plan, sur l'autre rive de l'Hudson River, les tours jumelles sont en train de se consumer. Ce jour-là, rien ne peut se dérouler comme si de rien n'était. Le 11 septembre 2001 ne peut ressembler à une vision idyllique de la vie, à une carte postale. Juste en face, à la pointe sud de Manhattan, le soleil a disparu : on suffoque, on souffre, on meurt, on se jette du sommet des tours, on accourt pour sauver, aider, témoigner, que l'on soit pompier, que l'on s'improvise secouriste ou photographe. Passée la sidération, l'unité nationale prend le dessus. Et tout ce qui n'est pas porteur de l'élan de solidarité, de compassion, d'héroïsme tombe sous le coup du politiquement incorrect. C'est le cas de cette image muette que l'on va faire beaucoup parler...
Publiée en 2006 dans le livre de David Friend *Watching the World Change* (Editions Farrar, Straus and Giroux), cette photographie, souvent présentée comme la plus controversée du 11 septembre 2001, fait d'autant plus parler d'elle que son auteur, Thomas Hoepker, se livre à une interprétation bien imprudente: *« Bien sûr, je ne peux que spéculer, mais c'était troublant. Ces jeunes gens se comportaient comme s'il s'agissait d'une journée normale. Il est fort possible qu'ils aient eu des victimes parmi les leurs, mais ils ne donnaient pas l'impression d'en être profondément affectés. »*
A l'occasion du cinquième anniversaire des attentats, le *New York Times* s'empare de cette image ambiguë. L'un de ses éditorialistes, Frank Rich, instrumentalise le cliché, en exagère le sens au point d'en faire une allégorie visuelle de l'Amérique. Le qualifiant d'*« instantané de l'histoire à venir »*, il écrit : *« On pensait que cette attaque traumatique s'estomperait rapidement. C'est un pays qui aime passer à autre chose. Et vite. Mais ces jeunes gens ne sont pas forcément insensibles. Ce sont juste des Américains. »*
Le *Washington Post* emboîte le pas et compare le cliché à un « test Rorschach » de l'Amérique – du nom de ce psychologue qui utilisait les taches d'encre pour étudier les comportements .
Mis en cause, deux des cinq protagonistes de la photographie se manifestent sur le site slate.com. *« C'est moi, à droite sur la photo,* écrit l'artiste Walter Sipser. *J'ai été trahi ! Thomas Hoepker m'a photographié à mon insu. (...) Nous étions tous dans un profond état de choc et d'incrédulité, mais il n'a pas cherché à savoir. »* Expliquant que l'on peut faire dire ce que l'on veut à une photographie, il poursuit : *« Il est facile pour un photographe de manipuler une image en fonction de ses préjugés ou de l'avancement de sa carrière. »*

« Nous étions tous dans un profond état de choc, mais le photographe n'a pas cherché à savoir. »

Walter Sipser, à droite sur la photo

« On ne devrait jamais s'emballer comme cela. Honte à M. Rich et à M. Hoepker !, écrit Chris Schiavo, assise au centre de la photo. *Je suis moi-même photographe professionnelle et j'ai pour principe de ne pas faire de prise de vue quand je n'en ai pas l'autorisation ou quand je n'ai pas la maîtrise complète de mon sujet. »* Et elle ajoute : *« Je suis une New-Yorkaise de la troisième génération. Je connais et chéris, comme mes ancêtres, chaque mètre carré de cette ville. Il se trouve que mes parents, tous deux architectes, en ont façonné le paysage. Pour l'anecdote, ma mère a travaillé avec Minoru Yamasaki, le concepteur du World Trade Center. »*
« Cette photographie renvoie aux souvenirs qui s'estompent facilement, écrit pompeusement Jonathan Jones en septembre 2011 dans le *Guardian*. *Nous sommes les personnes au premier plan. Nous sommes ceux dont les vies ont continué, affectées sans être trop atteintes, séparées du cœur de la tragédie par l'eau bleue du temps, qui s'est révélée encore plus profonde et plus impossible à traverser »* •

Magali Jauffret

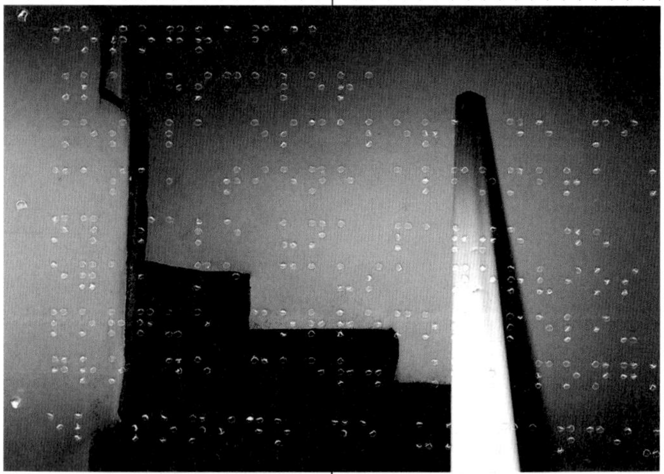

« Escaliers ». *« J'ai photographié un escalier car ça me rend nerveuse de marcher dessus, c'est comme marcher sous une pluie forte. »* Selene Martínez, 18 ans. (Photo avec inscription en braille)

« Chico ». *« C'est mon chien Chico [Petit]. J'aime qu'il soit près de moi, il m'apporte tranquillité et joie. J'y associe le son de son grelot, c'est comme ça que je sais où il est. »* Selene Martínez, 18 ans

Ils l'ont fait

VOIR DANS LE NOIR

A Ciudad Juarez, au Mexique, deux artistes animent un atelier photo destiné à de jeunes aveugles. Le résultat est étonnant.

Maria Vega Ocampo, 25 ans, et sa camarade Sarahai Verdugo, 26 ans, ont ouvert en 2005 un atelier d'art pour de jeunes aveugles. Deux ans plus tard, ils se sont lancés dans la photographie. Leurs images sont exposées à Ciudad Juarez, l'une des villes les plus dangereuses au monde, à la frontière américano-mexicaine. C'est là qu'ils habitent, dans un chaudron aux mains des cartels de la drogue.
Un jour, Maria Vega Ocampo, étudiante en arts plastiques, a senti que sa vue se dégradait. *« Mon corps m'a poussé à m'interroger »*, se souvient-elle. Ses yeux ont retrouvé de la vigueur, mais elle n'a pas oublié. Devenue professeur, Maria part à la recherche de jeunes aveugles pour explorer avec eux l'au-delà du visible. Ils commencent à sculpter, à peindre, et finissent par réclamer des appareils photos.

« Espace tridimensionnel »

Les six jeunes qu'elle accompagne, issus de quartiers populaires, sont nés aveugles ou ont perdu la vue avant l'âge de 3 ans, trop tôt pour travailler sur la base de leurs souvenirs du monde des voyants. Qu'à cela ne tienne,

« Les Cages ». *« Ce sont deux cages accrochées sur le mur du patio, elles me font peur lorsqu'elles tombent. Le bruit est fort comme un coup de tonnerre. »* Raúl Martínez, 18 ans

l'obscurité n'a rien d'un trou noir. *« On l'imagine plane, mais c'est un espace tridimensionnel, existentiel »*, explique Evgen Bavcar, photographe reconnu qui a perdu la vue à l'âge de 12 ans.
Reste quelques obstacles pratiques à dépasser : mesurer l'espace, tenir un appareil, se positionner. Maria et Sarahai fournissent aux adolescents des appareils photos qu'ils emportent chez eux pour photographier *« des éléments qui leur procurent une émotion particulière »*. Guidés juste ce qu'il faut par leurs proches, les jeunes prennent des clichés qui ne doivent rien au hasard. Le résultat est étonnant. En reportage à Ciudad Juarez, le photographe Jerôme Sessini, de l'agence Getty, entre dans un bar. Sur les murs sont affichées les photos des élèves de Maria : *« Je les ai tout de suite remarquées, je ne savais pas qui les avait prises, mais elles m'ont fait penser à la photographie documentaire américaine des années 1950 et 1960. »* Diane Arbus ou Lee Friedlander lui viennent en tête, *« un travail suggestif et déséquilibré, chaotique mais un chaos organisé, qui fait passer les choses plus qu'il ne les montre »*. *« Ces photos m'ont touché, elles sont intenses »*, dit-il.
« Le plus difficile n'est pas de prendre une photographie, explique Maria Vega Ocampo, *c'est d'établir la relation avec le papier, faire comprendre aux aveugles que l'image est là, en deux dimensions. »*

« Unir deux mondes »

Maria suggère aux jeunes d'inscrire en braille sur les photographies ce qu'ils ont pris et pourquoi. *« Ils connaissaient exactement les photos qu'ils avaient prises. »* Elle n'entend pas seulement éveiller de jeunes artistes, elle veut *« unir deux mondes »*. Aux photos s'ajoute une description sonore. Le son fonctionne comme un « trait d'union » : le non-voyant touche et écoute, le voyant observe et entend. Deux sens en éveil de chaque côté.
Artiste photographe d'origine slovène, Evgen Bavcar, philosophe de formation, dit voir *« avec* [son] *troisième œil, qui peut aller au-delà du visible, qui nous permet d'aller dans le rêve »*. Hervé Guibert, journaliste, écrivain et photographe décédé en 1991, lui avait un jour confié : *« Les aveugles sont les seuls qui libèrent mon regard »* •

Mathilde Boussion

Le témoin

LA PREUVE EN NOIR & BLANC

Pendant la dictature, 4 400 Argentins ont disparu en mer, jetés vivants depuis des avions. Une enquête du photographe italien Giancarlo Ceraudo et de la journaliste Miriam Lewin a conduit à l'arrestation de trois des pilotes qui participaient à ces opérations.

Giancarlo Ceraudo est un grand enfant, un peu curieux, un peu têtu, fasciné par les avions. En 2006, dans le cadre de recherches sur la dictature argentine (1976-1983), il pose une question toute bête : *« Où sont passés les avions utilisés par la junte pour larguer des opposants à la mer ? »* Il est alors loin d'imaginer que son projet, qu'il appellera « Destino Final », le mènera au-delà du travail de photographe. Ces avions qui passionnent Giancarlo Ceraudo sont des « skyvans », des appareils dotés d'une large porte arrière qui facilite le transport de marchandises. Ils étaient utilisés pendant la dictature militaire pour les « vols de la mort ». On y embarquait des opposants pour les larguer vivants dans des eaux qui emportaient les disparus et effaçaient toute trace du crime.

Centres clandestins

Dans son livre *El Vuelo*, le journaliste argentin Horacio Verbitsky fut le premier à établir la réalité de ces faits grâce aux confessions d'Adolfo Scilingo, capitaine sous la dictature. L'histoire remonte au coup d'Etat militaire du 24 mars 1976. Ce jour-là, une junte d'officiers s'empare du pouvoir. La répression est immédiate, très dure. Au fil des années, 30 000 Argentins « disparaissent », 15 000 meurent fusillés. A Buenos Aires, la capitale, les opposants au régime et leurs familles sont emprisonnés au secret dans des centres clandestins où ils sont torturés et tués. Les villes et les campagnes ne sont pas épargnées. D'après Adolfo Scilingo, ils sont 4 400 à disparaître en mer, jetés depuis les skyvans. Giancarlo Ceraudo se lance en 2002 dans une enquête sur cette période. Né à Rome en 1969, pas très motivé par les études, il a détalé en Amérique du Sud à l'âge de 20 ans. Voyager est une obsession. Curieux, il a fait des études d'anthropologie. La photographie est venue plus tard : *« J'aime le personnage du photographe, mais je n'ai jamais été un photographe d'actualités. J'aime les histoires, et j'aime par-dessus tout les histoires cachées. »*

Sur la piste des skyvans

Il se consacre au reportage, à la photographie documentaire, celle qui demande du temps et de la réflexion. Ses travaux personnels lui vaudront d'être intégré par l'agence Noor en octobre 2011. Quand il entreprend ses recherches sur la

GIANCARLO CERAUDO/NOOR

Une Argentine montre les photos de membres de sa familles disparus sous la dictature.

dictature, le contexte politique est favorable. Les « lois d'impunité » ont été supprimées en 2003, le débat sur la dictature militaire est ouvert. C'est à cette époque que le photographe rencontre la journaliste Miriam Lewin, ancienne prisonnière politique. En 2006, ils décident de se lancer sur la piste des skyvans. Personne, alors, ne se demande ce qu'il est advenu des avions. Miriam Lewin et Giancarlo Ceraudo repèrent à Miami un skyvan. Il appartient à une entreprise américaine de transport de courrier. Sous prétexte d'une recherche sur la guerre des Malouines, un de leurs amis est autorisé à filmer. Le propriétaire lui donne les papiers de l'appareil. S'y trouve tout l'historique des vols de l'avion. De nombreuses anomalies apparaissent : les vols Buenos Aires-Punta del Indio durent quatre heures, au lieu des quarante minutes nécessaires. Le temps d'un passage au-dessus de l'Atlantique, la « destination finale » de milliers d'Argentins.

> *« J'aime les histoires, et j'aime par-dessus tout les histoires cachées. »*
>
> **Le photographe Giancarlo Ceraudo**

Dans l'attente d'un procès

La justice argentine s'empare des plans de vol : ces documents sur la dictature, dit-elle, sont au nombre *« des plus importants de ces dix dernières années »*.
En face des informations de vol figurent la date et le nom des pilotes qui se trouvaient aux commandes.
Le 12 avril 2011, Enrique De Saint George, Mario Daniel Arru et Alejandro D'Agostino, devenus tous trois pilotes pour la compagnie aérienne nationale Aerolineas Argentinas, sont arrêtés et emprisonnés. Ils sont aujourd'hui en attente de jugement.
Giancarlo Ceraudo en est conscient : ce travail a dépassé le simple exercice de sa profession. Il n'en reste pas moins convaincu que ses photographies de centres de détention clandestins, d'avions assassins, de fleurs à la mer et de mères en pleurs, sont essentielles au travail de mémoire. Elles témoignent d'un pan du passé argentin resté jusqu'ici sans images •

Tess Raimbeau

Le jour où…

LES RUSSES ONT DIT « NIET »

Le samedi 10 décembre 2011, alors que la première neige tombe sur Moscou, un mouvement inédit naît dans la Russie de Vladimir Poutine : des dizaines de milliers de manifestants occupent la rue. **Youri Kozirev** *(agence Noor) était sur place.*

Environ 60 000 personnes sont réunies place Bolotnaïa (place du Marécage) pour protester contre la falsification des résultats des législatives. Russie unie, le parti au pouvoir, a rassemblé 49,3 % des suffrages, la manipulation est évidente aux yeux de la population.

Ils n'ont pas supporté les fraudes. *« Rendez-nous les élections ! » « Arrêtez de mentir ! »*, disent leurs pancartes. Une semaine plus tôt, ils ont voté pour élire la Douma (le Parlement). La triche au profit de Russie unie, le parti de Vladimir Poutine, a été grossière. Dans une région, le taux de participation a grimpé jusqu'à… 146 % ! Alors, ils sont descendus dans la rue et, plus surprenant, les jeunes sont là en masse, eux qui n'ont rien connu des grands mouvements populaires du début des années 1990, au moment de l'implosion de l'Union soviétique. Sur la scène, les orateurs parlent de la naissance d'une société civile. Ceux qui, ces dernières années, partaient pour éteindre les grands incendies, aidaient les enfants malades, luttaient pour la sauvegarde de leur forêt ou de leur maison, ont fini par se rassembler pour dire « non » au parti des *« escrocs et des voleurs »*. Une première depuis l'accession au pouvoir de Vladimir Poutine.

Ce samedi 10 décembre 2011, ils sont près de 60 000 à Moscou, 10 000 à Saint-Pétersbourg, la rue est occupée dans 80 villes de la fédération. Deux semaines plus tard, le 24 décembre, ils seront encore plus nombreux à crier leur défiance vis-à-vis du candidat favori à l'élection présidentielle du 4 mars. Le premier ministre Vladimir Poutine, qui a déjà été président de 2000 à 2008, entend effectuer deux nouveaux mandats. Si tout se passe comme il l'a prévu, il quittera le Kremlin en… 2024 •

Texte et légendes Katia Swarovskaya

Place de la Révolution, Edouard Limonov, le héros du dernier roman d'Emmanuel Carrère, se tient en retrait. Les militants de son « parti national-bolchévique » ne se mêlent pas aux autres manifestants.

Deux semaines après la première manifestation, plus de 70 000 personnes investissent l'avenue Sakharov, à Moscou.

Les rubans blancs, couleur du pacifisme, côtoient les drapeaux rouges des communistes, les jaunes et noirs des nationalistes. L'ex-patron de Youkos, arrêté en 2003 et emprisonné depuis, incarne la résistance sur certaines affiches : « Echange Poutine contre Khodorkovski. »

Le « colonel » Kadhafi défile au côté du « colonel » Poutine. En mars 2011, le premier ministre russe a comparé les frappes aériennes de l'OTAN en Libye à une croisade du Moyen Age.

Au cours des dix dernières années, les retraités et les jeunes participaient peu aux manifestations de l'opposition. Cette fois, plus rien n'est comme avant. Toutes les générations sont là, tous les milieux se côtoient : nationalistes, militants homosexuels, extrémistes et libéraux, dames en fourrure et retraités.

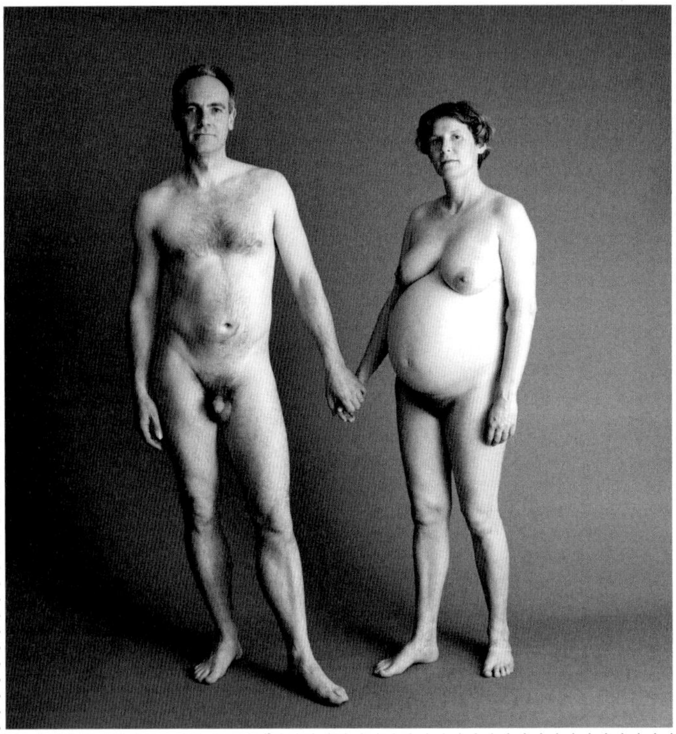

Juin 1991

Photomaton

LE RENDEZ-VOUS DE JUILLET

Depuis 1991, Zed Nelson, un photographe britannique, tire une fois par an le portrait d'une famille londonienne. La femme accouche, l'enfant grandit, les parents vieillissent, le photographe aussi...

Il a le regard droit, la pose étudiée et le corps sans matière grasse. Elle a l'air fatigué, les seins pleins et le ventre rond. Ils ont un appartement londonien, trente-six printemps chacun, un passé à deux, un futur à trois. En cet été 1991, ils trônent nus comme des vers, sans avoir l'air gêné, parce qu'un ami le leur a demandé. L'ami s'appelle Zed Nelson. Il a 24 ans, un diplôme de photographie et une curiosité maline pour le « time-lapse », cette technique connue pour illustrer par exemple le cycle de vie d'une fleur : grâce à des prises de vue à intervalles réguliers, elle pousse, fleurit, fane et meurt sous nos yeux. Biologiste à sa façon, Zed Nelson s'intéresse à la cellule familiale. Chaque mois de juillet depuis vingt ans, il prend la même photo, avec le même cadre, le même appareil

1991

photo argentique, le même angle, les mêmes réglages, le même drap vieilli et bouffé par les mites en arrière-plan. « *Ça prend des plombes* », mais il y tient. Il fait trente-six photos, trois pellicules : « *Sur la première, le père semble toujours rentrer le ventre pour se donner une allure. En général, il ne devient naturel que sur la troisième.* »

Grandir, grossir…

En deux décennies, une seule chose a changé dans le dispositif : ils se sont rhabillés. Le naturalisme a laissé place à la décence : « *J'aurais voulu les avoir nus tout le temps, mais le gamin devenu ado, ça aurait fait bizarre !* » Le résultat est déconcertant. « The Family » pourrait être la nôtre. Cette entité abstraite et pourtant hyper-incarnée s'épanouit, se crispe, s'esclaffe, s'éloigne, s'ennuie. Elle vit. Un gamin grandit, grossit aussi, se

•••

1993

••• cherche, s'affirme, dépasse sa mère, ressemble à son père. Lui devient presbyte, s'habitue à la cravate et à la calvitie. Elle change autant d'humeur que de style vestimentaire. Et quoi ? Ce pourrait être d'une banalité affligeante, c'est au contraire mystérieux. Zed Nelson savait que l'intérêt de son projet résidait dans sa pérennité.

« Très déroutant »

Au fil des séances, il a fait bien plus que documenter l'enfance au sein d'un cocon familial, son idée initiale : *« Avec le "time-lapse", soudain, nous avons tous vingt ans de plus. L'enfant a grandi ; nous, nous avons vieilli. Observer la preuve du temps qui passe sur un être humain qui pourrait être nous, qui est nous, est très déroutant. »*
Pendant longtemps, personne n'a vu les clichés. Le photographe ne voulait pas que ses sujets se jaugent, aient

1995, 1996, 1999, 2001

des complexes peut-être, se tiennent plus droit ou sourient forcément.

Rendez-vous oublié

Déjà, le père essaie chaque année de faire croire qu'il n'a plus besoin de lunettes... *« Les deux autres le charrient, et il finit en général par les remettre ! »* Une année, pourtant, ils ont insisté pour voir les photos ; il n'a pas voulu leur refuser ce droit.
L'homme a répété qu'il ne voulait pas que ces photos soient publiées : *« Il comparait mon travail à la "culture Facebook"*, explique Zed Nelson. *J'ai dû le convaincre qu'il ne s'agissait pas d'eux, pas de vie privée, mais de quelque chose de bien plus englobant. »* La femme, elle, n'a pas vraiment réagi. Jusqu'à une soudaine prise de conscience, en 2007. Elle oublie la date du rendez-vous. Le photographe essaie de comprendre pourquoi. Se voir vieillir lui est insupportable, lâche- •••

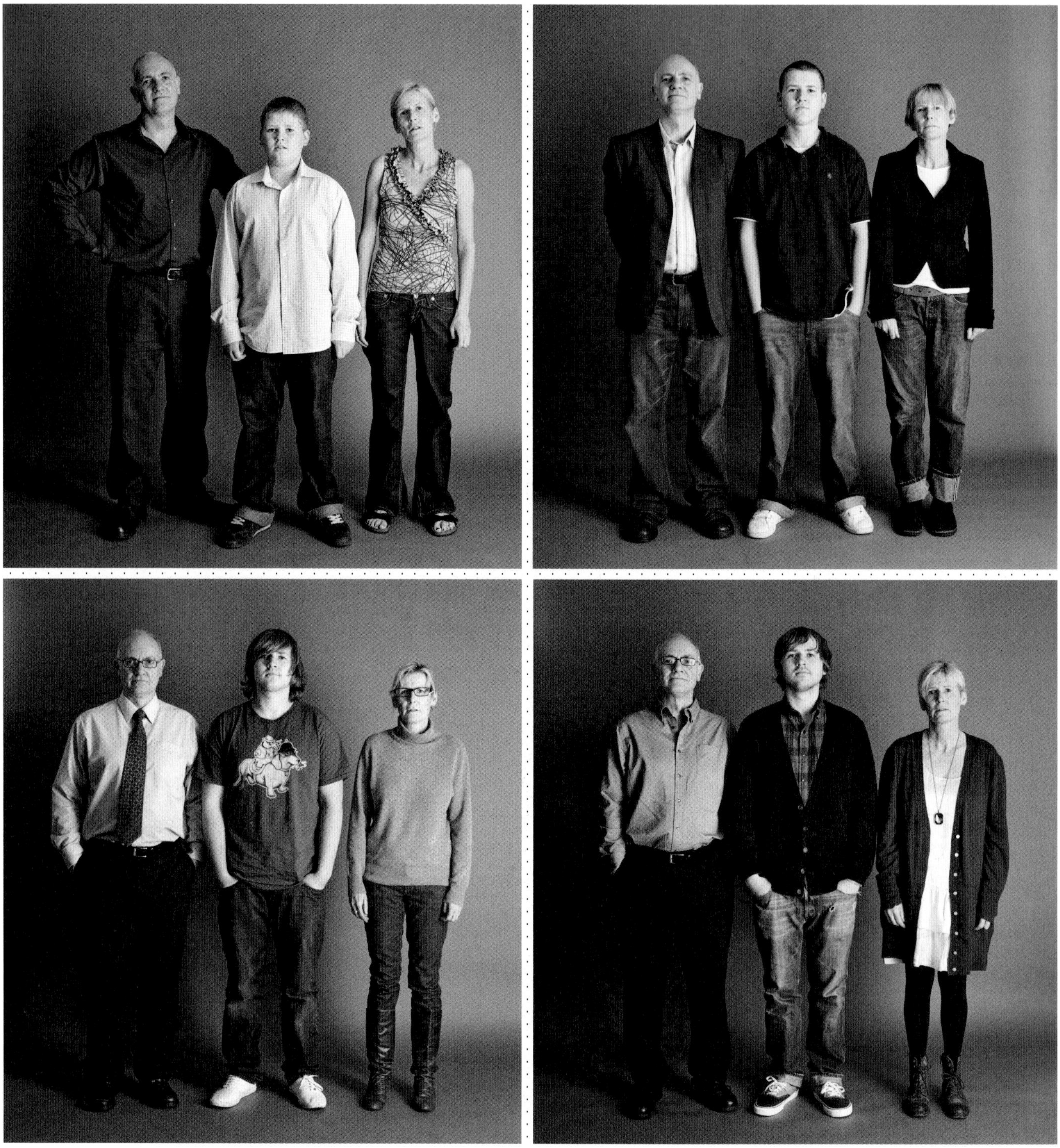

2003, 2005, 2007, 2009

••• t-elle. *« Ce serait trop triste d'arrêter là,* lui répond-il. *Un jour j'espère, il y aura une belle-fille, et peut-être même un petit-fils. »* Elle s'est laissée convaincre. Quant au fils, ce presque adulte, il n'a jamais exprimé d'inquiétudes. *« Il a l'air content de venir ou au moins résigné à ce qui lui semble être une étape inévitable. Parce qu'il a connu ça toute sa vie ! »*

« Quelque chose de normal »

Alors il a fallu s'organiser, le faire revenir à Londres lorsqu'il n'y vivait plus, faire face aux petits et grands imprévus – à l'été 2011, le jeune homme a été blessé par des éclats de verre à la sortie d'une boîte de nuit ; la photo de l'année a été prise en décembre, une fois les cicatrices disparues. « The Family » est contraignante, comme elles le sont toutes. Mais elle est un moyen plutôt efficace de s'ancrer, les deux pieds dans la terre. A

2011

chaque prise de vue s'est greffé pour Zed Nelson un souvenir professionnel. Juste après le premier anniversaire du petit, il est parti en Somalie pour photographier la famine. Quelques années plus tard, de retour d'Angola, où il avait attrapé le paludisme, Zed Nelson a pris la photo en tremblant de fièvre. Et puis, il y a eu l'Afghanistan, où un ami et un interprète ont été sérieusement blessés.

« Chaque année, ma vie quotidienne devenait de plus en plus violente. Revenir en Angleterre pour photographier la même famille était un objectif hyperimportant : une fois par an, je retournais à quelque chose de normal. Des amis sont morts, des relations ont pris fin, j'ai acheté une maison, j'ai voyagé à travers le monde, mais eux sont restés là. Cette continuité me rend plus solide » •

Marion Quillard

Premier prix du Concours national des gallinacés, **Royaume-Uni.**

OLI SCARFF / GETTY / AFP

KLAUS PICHLER

La plaisanterie du taxidermiste, **Autriche.**

Un patriote zélé, **Etats-Unis.**

RICK WILKING / REUTERS

L'œil curieux, **Ecosse.**

ADAM & IMTHIAZ PHOTOGRAPHY

Instantanés

ADRIEN PORTUGAL / SUPAYFOTOS

Souvenir de vacances, **Pérou.**

Entraînement militaire à coups de bouteille, **Chine.**

DAVID GRAY / REUTERS

FAREED KHAN/AP/SIPA

Le trader de Karachi, **Pakistan.**

Petite pause devant le Centre international de la photographie, **Etats-Unis.**

MISHA ERWITT

Le petit tailleur de New Delhi, **Inde.**

Le fitness version fast-food, **Italie.**

KEVIN FRAYER / AP / SIPA – FRANCESCA TOSARELLI

PETER MACDIARMID / GETTY / AFP

Coup de vent chez les juges, **Royaume-Uni.**

Jérusalem sur roulettes, **Israël.**

VALENTINE VERMEIL / TEMPSMACHINE / AVEC LE CNAP

Relooking à la Windsor, **Royaume-Uni.**

On the road again, **Etats-Unis.**

PETER MACDIARMID / GETTY / AFP – JODI COBB/ NATIONAL GEOGRAPHIC STOCK

Haie d'honneur, **Etats-Unis.**

MICHAEL HANSON / AURORA PHOTOS

Recrue canine de l'armée de l'air, **Etats-Unis.**

HO NEW / REUTERS

NG HAN GUAN / AP / SIPA

Un chœur précoce, **Corée du Nord.**

Triptyque

L'AFRIQUE EN FACE

SYNTHÈSE

LA REVANCHE DE L'AFRIQUE

La femme la plus riche d'Afrique subsaharienne est née en 1973 à Bakou, la capitale de l'Azerbaïdjan, dans ce qui s'appelait encore l'Union soviétique. Venu d'Angola, son père faisait des études d'ingénieur en hydrocarbures grâce à une de ces bourses que Moscou accordait aux bons éléments des pays frères. Isabel dos Santos – c'est son nom – a 38 ans. Pour son trente-sixième anniversaire, 700 invités vêtus de blanc ont assisté au feu d'artifice qu'elle avait organisé au Miami, sa boîte de nuit, à Luanda, la capitale de l'Angola. Isabel l'Africaine née Soviétique est femme d'affaires. Elle a des intérêts dans le diamant, les télécoms, le ciment, les médias, l'énergie et elle détient des parts dans deux banques privées portugaises. Depuis quatre ans, Isabel dos Santos investit beaucoup au Portugal, comme son père. L'ancien étudiant marxiste est devenu président de la « République populaire d'Angola », rebaptisée « République d'Angola » à la fin de la guerre froide. Vainqueur d'une guerre civile longue de vingt-sept ans, au pouvoir depuis trente-trois ans, José Eduardo dos Santos a parfaitement réussi sa conversion au capitalisme : sa fortune, estimée à 31 milliards de dollars, en fait une cible de choix pour les mouvements anticorruption.

Emancipation

Grâce au pétrole extrait au large de ses côtes, l'Angola affichait avant la crise financière la croissance la plus élevée au monde après celle du Qatar : 15 % en 2008. La même année, celle du Portugal était nulle. Il n'a pas fallu un demi-siècle pour que les rôles s'inversent. En 1975, la colonie portugaise accédait à l'indépendance. Aujourd'hui, elle investit (de manière opaque) dans l'ancienne puissance coloniale, contrainte de privatiser à tout-va par le Fonds monétaire international et l'Union européenne. Mieux, l'ancienne colonie attire les jeunes du Portugal en crise : pas moins de 100 000 Portugais se sont installés en Angola ces trois dernières années. Ce miracle économique, avec son lot de nouveaux riches, illustre jusqu'à la caricature l'évolution de l'Afrique au cours des dernières décennies. Le continent s'émancipe. L'après-colonisation, succession de guerres civiles, de dictatures et de coups d'Etat, avait été chaotique. Il fallait être du côté de Moscou ou de Washington, tenir le pays d'une main de fer, subir le diktat d'armées de godillots, accepter l'obole des anciennes puissances tutélaires, qu'elles soient française, britannique ou portugaise.
La chute du mur de Berlin a ouvert une nouvelle ère au début des années 1990. Dans la représentation, rien n'a changé : l'Afrique reste le continent des fléaux, de la pauvreté, de la corruption, de la maladie et de la guerre. Dans les faits, tout a basculé. Ni la pauvreté, ni la corruption, ni la maladie, ni la guerre n'ont disparu, mais les règles du jeu ont changé. Qui aurait imaginé qu'une femme soit élue, puis réélue, présidente

du Liberia ? Qui aurait imaginé que la Namibie, riche d'un uranium qui intéresse Pékin, accueille 35000 Chinois ? Et surtout, qui aurait imaginé que le tiers de la population africaine accède aux classes moyennes, une catégorie sociale quasiment étrangère au continent jusqu'à la fin du XXe siècle ? Sur un milliard d'Africains, 313 millions appartenaient aux classes moyennes en 2010, d'après une étude de la Banque africaine de développement.

Les nouvelles classes moyennes

Les critères retenus tiennent compte du coût de la vie : il suffit de dépenser 2 à 20 dollars par jour pour en faire partie. Et cette nouvelle donne est réversible : la majorité des « accédants » aux classes moyennes vit avec 2 à 4 dollars par jour et peut rebasculer dans la pauvreté en cas de crise. Reste que cette évolution en entraîne d'autres : qui dit accès aux classes moyennes dit baisse de la natalité, demande en matière d'éducation, de santé, d'infrastructures et de… démocratie. Pour les autocrates, les classes moyennes sont aujourd'hui les classes dangereuses : ce sont elles qui ont fait la révolution en Egypte et en Tunisie. Isabel et José Eduardo dos Santos devraient y penser. A Luanda, capitale la plus chère du monde pour les expatriés, les bidonvilles côtoient les quartiers de luxe construits par les Chinois. Les deux tiers de la population angolaise vivent avec moins de 2 dollars par jour. Plusieurs centaines de jeunes, de ceux qui se disent apolitiques et surfent sur Internet, ont osé manifester en 2011 pour réclamer l'accès à l'eau et à l'électricité et dénoncer la corruption. Rien de menaçant pour l'oligarchie qui, pour avoir fait la guerre, maîtrise l'art du bâton. Mais vu la vitesse à laquelle mue le continent, elle serait avisée d'y réfléchir. Tout comme les Occidentaux au service des multinationales.

Ceux que Christian Lutz a photographiés au Nigeria ne sont d'évidence là que pour servir des intérêts personnels. La population n'a pas les mêmes. Les Nigérians l'ont montré au début de 2012, en manifestant avec succès contre la hausse du prix de l'essence. Jamais, à Lagos, la capitale économique, on n'avait vu un mouvement si bien organisé.

Filda Adoch, elle, a tout compris. Cette Ougandaise de 54 ans, dont la photographe Martina Bacigalupo a suivi le quotidien, n'a accès ni à l'eau ni à l'électricité. Elle ne fera jamais partie des classes moyennes. Sa parole n'en est pas moins celle d'une sage.

Le chemin sera long. La colonisation a laissé ses us et coutumes en héritage, les images de Guillaume Bonn en témoignent. Pendant deux ans, le photographe a saisi des femmes de ménage, des chauffeurs, des jardiniers, sur leurs lieux de travail, au Kenya. Ils étaient éberlués de voir un Blanc porter son regard sur eux •

Marie-Pierre Subtil

Triptyque

OR NOIR COLS BLANCS

Au Nigeria, le business du pétrole nourrit un petit monde où se côtoient hommes d'affaires étrangers et fonctionnaires. Tout se joue dans l'ombre.

Christian Lutz

«Je fais des photos devant l'entrée du Hilton d'Abuja, la capitale politique du Nigeria. Le gérant, un Suisse, vient me voir et me dit: "Je serais vous, je ne ferais pas de photos ici, vous ne savez pas à qui vous avez à faire, ça risque de se passer très mal pour vous."»

« C'est à Abuja que siège la NNPC, la National Nigerian Petroleum Company, un organisme d'Etat installé dans quatre tours. »

« Les représentants des compagnies pétrolières passent d'une tour à l'autre, de salles d'attente en réunions. Certains fonctionnaires ont une garde armée devant leurs bureaux. »

« Il faut faire des visites de courtoisie, ne pas oublier le fonctionnaire qui monte en grade. Le féliciter avec un cadeau est considéré comme tout à fait normal. »

.a discussion porte généralement sur transport de cargaisons de pétrole. Les présentants des compagnies cherchent garantir le départ de leurs cargos.»

« Le bon businessman est celui qui connaît la culture du pays, les ethnies, les dialectes, et qui entretient des liens d'amitié avec des Nigérians. C'est synonyme d'énormes bénéfices. »

« Parfois, les rendez-vous ont lieu dans les résidences particulières de certains hauts fonctionnaires. »

« Le salon fait office de salle d'attente. »

« Les Occidentaux ne baissent jamais la garde.
Ils sont prisonniers d'un jeu de rôle.
Des prisonniers volontaires. Ils veulent en être. »

« Les soirées ne sont jamais vraiment tranquilles. Les convives liés au business du pétrole sont susceptibles de quitter la table au moindre coup de fil. »

« A Lagos, la capitale économique, les quartiers résidentiels sont concentrés sur les îles Victoria et Ikoyi. J'ai l'impression que la densité de voitures de luxe y est plus importante qu'à Genève. »

RANGE ROVER
LAGOS
VOGUE

« La lagune de Lagos n'est pas profonde. Certains yachts sont tellement lourds qu'ils risquent de s'envaser en abordant les clubs de luxe. »

« Un expatrié qui ne travaille pas dans le pétrole m'a invité dans ce club. On peut y louer une chambre ou un appartement pour le week-end. Toute l'ambiguïté c'est que je partage leur vin, non ? »

« L'un des quatre, dérangé par mon intrusion, a fini par me dire "Il est temps d'aller prendre un verre maintenant !" pour que je m'éloigne. »

« Les expatriés sont d'accord pour se laisser prendre en photo le week-end, mais ils refusent d'ouvrir les portes de leur monde professionnel. »

« Les employés des entreprises pétrolières déjeunent régulièrement dans des restaurants de luxe. L'addition peut atteindre plusieurs centaines de dollars. »

« Au Yacht Club de Lagos, un des lieux de rencontre des expatriés. »

« A Abuja, un étranger n'a pas de vie sociale s'il ne joue pas au golf. Là aussi, l'essentiel est d'arriver avant les autres. Le samedi matin, il y a tellement de monde qu'il faut se lever à 5 heures pour pouvoir faire un parcours. »

« J'ai acheté pour 100 dollars un billet d'entrée au réveillon du Yacht Club. Quand on est blanc et souriant, les portes peuvent s'ouvrir. Il y a là des diplomates, des employés de multinationales... »

« Le réveillon a lieu sur la terrasse du Yacht Club. En arrière-fond, on aperçoit le port de Lagos. La grande roue économique ne cesse de tourner... »

« J'attends la voiture qui doit m'emmener à l'aéroport le jour de mon départ quand Mohamed, gardien de nuit, me dit : "Pourquoi tu pars ? Tu es blanc, tu as tes chances ici, tu devrais rester et, comme Monsieur, faire dans le business du pétrole. Tu pourrais gagner beaucoup d'argent, avoir une grande maison et des gens comme moi qui travailleraient pour toi." »

ÉCLAIRAGE

« PLUS QUE DE LA CORRUPTION, C'EST UN SYSTÈME MAFIEUX »

Pour **Bertrand Monnet***, spécialiste du business à risque des multinationales, l'exploitation du pétrole au Nigeria repose sur un mécanisme d'extorsion au plus haut niveau.*

6Mois Que vous évoquent ces photos de Christian Lutz ?
Tout est là. Il ne manque que les odeurs. J'aimerais pouvoir dire que c'est caricatural, mais ça ne l'est pas. J'aime la photo des deux Blancs sur le parking. Il fait 30°C, l'air est humide, ils sortent de leur bureau climatisé et finissent, officieusement, leur petite négociation. Derrière, j'imagine qu'il y a une rue. Jamais ces hommes ne la prendraient pour rentrer à pied chez eux. Ils vont monter dans leur belle bagnole et savourer leur confort, leur apparente sécurité. Au Nigeria, le fossé entre très riches et très pauvres atteint un niveau paroxystique. C'est le 11e exportateur mondial de pétrole : on devrait y vivre comme au Koweït, avec la clim', des fontaines, un éclairage public... En réalité, il y a quatre routes praticables dans tout le pays, pas d'électricité et pas d'eau courante. Alors que le terrain de golf de Shell, à Ogoni Island, est arrosé jour et nuit. Cette photo dit tout ça.

Qui sont ces expatriés ?
Il y a trois catégories. Les expatriés « standards » d'abord, comme on en trouve dans toute l'Afrique : des cadres et des techniciens qui se font de l'argent, puisqu'un ingénieur, ici, est payé entre 3 000 et 10 000 euros par mois, non imposables. Les « pionniers » ensuite, les « aventuriers de l'industrie » : ils aiment leur métier et consacrent leur vie à faire des forages en haute mer dans des conditions dignes des films d'Indiana Jones. Et enfin, les « désespérés » qui, souvent, débarquent seuls et ont des rapports compliqués aux autres, aux femmes notamment. Je les vois traîner à Lagos... Certains sont alcooliques. Ils vivent dans des « compounds » (quartiers résidentiels de luxe) avec piscines et barbelés. D'autres viennent en famille... Je ne sais pas ce qui est pire. Que deviendront les enfants qui grandissent là ? Est-ce que toute leur vie, ils verront les Noirs comme des gens dangereux dont il faut se protéger, quitte à vivre enfermé ?

La situation nigériane est-elle spécifique ?
Le degré de criminalisation observé dans le milieu des affaires nigérian est inégalé. C'est plus que de la corruption, c'est un système mafieux d'organisation du vol de pétrole à très grande échelle.

Pour qu'il y ait des corrompus, il faut des corrupteurs : quelle est la responsabilité des compagnies pétrolières sur place ?
Elles exploitent le sous-sol nigérian depuis cinquante ans. Les oléoducs sont vieux, ils fuient et s'embrasent régulièrement. Chaque année, l'équivalent de la marée noire de l'*Erika* s'abat sur le delta du Niger, au sud du pays, alors que la population ne tire aucun bénéfice des réserves. Pis encore : pour ces communautés de pêcheurs, les ressources halieutiques diminuent, et elles crèvent de faim. Alors elles se servent : un coup de pioche, un trou dans le pipeline. Avec de la chance, c'est du brut. Sinon, c'est le gaz qui sert à pousser le pétrole dans le conduit qui leur saute à la figure. Ça fait des morts toutes les semaines. Le brut est raffiné clandestinement et vendu dans des bouteilles en plastique sur le bord des routes. Les populations demandent aux compagnies pétrolières de l'argent et des cadeaux, les femmes réclament des postes pour leurs garçons. Mais pour ça, il faut des qualifications ! Alors les entreprises paient et demandent aux jeunes de ne pas venir. Les compagnies m'ont

Bertrand Monnet
Professeur à l'Edhec, école de commerce basée à Lille, il y occupe la chaire Management des risques criminels. Ses recherches l'amènent à travailler dans des pays où entreprises, guérillas et mafias cohabitent. Son « laboratoire » principal reste le Nigeria, et spécialement le delta du Niger, où il a rencontré les chefs de guérillas à plusieurs reprises.

expliqué que, sans ces faux salaires, les femmes manifesteraient, puis les jeunes. C'est comme ça qu'il y a quelques années un champ de Total a été transformé en une nuit en paysage lunaire. Même sans armes à feu, des milliers de personnes peuvent converger en une heure vers une exploitation et la rayer de la carte.

De cette insatisfaction sont nés des mouvements armés…
Apparus dans les années 1980, ils se sont structurés au début des années 2000. Le seul qui, récemment, représentait encore la cause du delta, c'était la Niger Delta Liberation Force, de John Togo. Il avait de vraies revendications politiques : l'arrêt de la corruption, le départ des compagnies pétrolières et l'indépendance du delta. Je l'ai rencontré en mai 2011. Il a été tué par l'armée quatre jours plus tard.

Quels sont les moyens d'action de ces mouvements ?
Le terrorisme : la piraterie et l'enlèvement de personnel. Des centaines d'expatriés ont été enlevés depuis dix ans au Nigeria. Le kidnapping ne dure jamais très longtemps et les rançons ne sont pas très élevées : de 150 000 dollars à 2 millions. En matière d'enlèvement, ce n'est rien. Ces guérilleros nigérians sont dans une logique d'immédiateté. Déjà, ils sont lucides trois heures par jour ; le reste du temps, ils sont alcoolisés et drogués jusqu'à la moelle. Et puis, ils savent qu'ils vont mourir jeunes. Mieux vaut obtenir 300 000 en deux semaines que 1 million en un an. S'ils voulaient vraiment faire partir les compagnies, avec leurs lance-roquettes, ce serait possible. Mais eux aussi vivent du pétrole. Leur business, c'est le « bunkering », c'est-à-dire le trafic. Les compagnies disent que 5 à 10 % de leur production sont détournés. En 2010, la compagnie italienne Agip a même annoncé un chiffre de 20 %.

Que devient ce pétrole volé ?
Il est vendu sous les yeux des militaires, non pas sur un marché parallèle, mais de façon parallèle sur un vrai marché, pour un chiffre d'affaires de 3 à 6 milliards de dollars par an. Tout le monde est corrompu, tout le monde laisse faire, tout le monde en vit : les guérillas, les gouverneurs locaux, même l'Etat. Ce brut est exporté en Afrique, sans doute en Europe… Je me suis longtemps demandé comment ; 10 % de la production nationale, ça ne s'exporte pas sous le manteau ! Le secteur est régi par des normes internationales strictes : aucune raffinerie ne peut acheter du brut sans certitude sur son origine. Donc, le pétrole nigérian est volé, mais exporté avec de vraies licences, signées par des hauts fonctionnaires et policiers corrompus, qui sont les grands bénéficiaires du « bunkering ». Voilà pourquoi je parle de système mafieux.

Existe-t-il une porte de sortie ?
La seule solution serait que les compagnies pétrolières obligent l'Etat à redistribuer la manne. Mais les autorités diraient alors : « Vous ne voulez plus travailler avec nous ? », et elles attribueraient les concessions à des entreprises pour qui la corruption n'est pas un problème. C'est ce que dit un des expatriés cité par le photographe Christian Lutz dans son livre, *Tropical Gift* : *« Si ce n'est pas moi qui ramasse le premier ce qu'il y a à prendre sur cette terre, un autre s'empressera de le faire avant moi »* •

Propos recueillis par M. Q.

POUR EN SAVOIR PLUS

Le Nigeria éclaté

Situé dans le golfe de Guinée, le Nigeria est le pays le plus peuplé d'Afrique, avec 155 millions d'habitants en 2011. Mosaïque de peuples et de religions, cette ancienne colonie britannique, indépendante depuis 1960, a longtemps été paralysée par les dictatures militaires et les conflits interethniques. En 1967, les Ibos ont autoproclamé leur indépendance dans une nouvelle « République du Biafra » au sud-est. La guerre qui a suivi a fait entre 1 et 2 millions de victimes et n'a pris fin qu'en 1970.
Les tensions restent fortes entre chrétiens et musulmans – les islamistes de Boko Haram mutiplient les attentats. La hausse du prix de l'essence a provoqué des manifestations au début de l'année 2012.

GEORGE OSODI

La population du delta du Niger souffre de la pollution liée à l'exploitation du pétrole. L'eau est fortement contaminée.

Une zone pétrolifère

L'exploitation du pétrole au Nigeria a commencé en 1956, avec la compagnie néerlandaise Shell. Depuis, les américaines Exxon et Chevron, la française Total, l'italienne Agip et les grandes compagnies mondiales s'y sont installées. L'or noir nigérian a deux qualités : il affleure la terre, donc le coût d'extraction est minime ; il est très peu soufré, ce qui facilite le raffinage. Le pays a rejoint l'Organisation des pays exportateurs de pétrole (OPEP) en 1971. Il est le 11e producteur mondial, avec 2,6 millions de barils par jour. Légalement, l'Etat fédéral doit redistribuer 13 % des revenus de cette industrie aux Etats fédérés, mais il n'en est rien. Le pétrole, fortune du Nigeria, fait le malheur de sa population.

Le delta du Niger

Les affaires se font à Abuja, capitale administrative, et à Lagos, capitale économique, mais la production se situe dans le delta du Niger. Situé au sud du pays, à l'embouchure du fleuve Niger, le delta mord sur plusieurs des trente-six Etats que compte la fédération. Il est majoritairement peuplé d'Ijaws, une population de pêcheurs dont fait partie l'actuel président, Jonathan Goodluck. Les Ogonis, eux, se concentrent plus à l'est du pays, vers Port Harcourt, la principale ville de production du pétrole, qui attire depuis cinquante ans de nombreux travailleurs expatriés.

La pollution

En août 2011, un rapport du Programme des Nations unies pour l'environnement (PNUE) révèle l'impact de la pollution dans le delta du Niger et recommande un nettoyage qui *« prendra jusqu'à trente ans »*. A l'est du pays, en territoire ogoni, l'eau potable est lourdement imprégnée d'hydrocarbures. Dans le village de Nisisioken Ogale, les puits sont contaminés par du benzène à un taux 900 fois supérieur à la norme fixée par l'Organisation mondiale de la santé. La pollution de l'air affecte la qualité de vie de près de 1 million de personnes.

La contestation

Dès 1990, le peuple ogoni crée un mouvement pacifique pour protester contre les fuites d'hydrocarbures. Ses actions sont immédiatement réprimées par le gouvernement militaire, qui soutient Shell. En 1993, le leader du mouvement, l'écrivain Ken Saro-Wiwa, organise une manifestation qui réunit 300 000 personnes. Deux ans plus tard, il est pendu, au terme d'un procès vivement contesté par les organisations des droits de l'homme. L'exploitation pétrolière en pays ogoni se termine en 1993, mais les fuites se poursuivent en raison du mauvais entretien des oléoducs. A partir de 2003, des mouvements armés prennent le pas. La plupart d'entre eux déposent les armes en juin 2009, mais la paix reste fragile.

GEORGE OSODI

Un rebelle du delta du Niger.

Paroles d'expatriés

Le photographe Christian Lutz a recueilli tout au long de son travail de nombreuses citations d'expatriés vivant au Nigeria.
Il n'a pas voulu les attribuer précisément, même dans les légendes de ses photos, pour préserver les personnes concernées. En voici un florilège.

Guillaume

Français, 30 ans :
« Le Nigeria est un pays horrible, seul le business est fantastique. Tout est jeu de rôle ici ; un jeu dont il faut sortir gagnant. »
« En Europe, je serais un Blanc parmi les Blancs, ici je suis quelqu'un qui compte ! »

Bertrand

Belge, 32 ans :
« Avec le bonus que je viens de percevoir après une année de service pour le compte de cette société, je peux acheter deux fois la propriété de mes parents en Espagne. »

Corinne

Belge, épouse de Bertrand :
« Ce n'est pas pour l'argent que fait Bertrand au Nigeria que je suis heureuse de vivre ici, mais bien plus pour y jouir de notre confort quotidien : jamais en Europe nous n'aurions à notre disposition une nounou en semaine, une nounou le week-end, une bonne, un cuisinier, un chauffeur pour Bertrand et un autre pour moi. »

Martin

Français, 37 ans :
« Je me contrefiche des populations du sud du Nigeria.
Je pourrais d'ailleurs sans problème faire dans le trafic d'armes, mais pas dans celui des femmes. »

Peter

Anglais, 54 ans :
« Le business est une drogue sur un terrain comme celui-ci : plus tu y touches, plus tu y prends goût, et plus il te faut des doses fortes.
Faire gagner et gagner davantage est le vice. Je veux constamment m'en dégager, je sais que c'est malsain mais j'y reviens toujours. »

DANS LES COULISSES

Pour réaliser ce travail, Christian Lutz a fait appel à des connaissances qui l'ont introduit auprès d'expatriés installés au Nigeria. Ceux-ci, qui connaissaient la finalité du projet, lui ont permis de les suivre dans leur quotidien. Aux autres, Christian Lutz expliquait qu'il réalisait un reportage sur la vie d'expatrié. *« J'ai mangé du foie gras, bu du vin français avec eux, je les ai même accompagnés en boîte »*, raconte-t-il. Et comme *« on peut se trouver bien avec des gens sur lesquels on porte un œil critique »*, les situations ambiguës se sont multipliées. *« Il faut assumer le fait que le sujet te pose un problème. Certains photographes s'y refusent. »* Le hiatus est, parfois, *« insupportable »*. Comme ce jour où Christian Lutz accompagne des expatriés dans un 4 x 4. A l'un des barrages qui s'égrènent le long des routes nigérianes, l'homme au volant baisse la vitre et jette un billet de 1 000 nairas (4,70 euros) sans s'arrêter. *« Le soldat a crié "Thank you Sir !", et moi, j'ai failli interrompre le projet. »* Le travail de Christian Lutz au Nigeria est le deuxième volet d'une trilogie consacrée au pouvoir. Le premier traite du pouvoir politique. Le troisième, en cours de réalisation, du pouvoir religieux, à travers un courant évangélique qui se développe en Suisse.

Triptyque

JE M'APPELLE FILDA

Elle a subi vingt ans de guerre en Ouganda, a perdu un fils, trois maris, une jambe, et fait toujours face. A 54 ans, Filda Adoch s'est découverte dans les yeux d'une photographe qui lui a donné aussi la parole.

Martina Bacigalupo

« C'est vraiment moi, c'est ce que je fais tous les jours. Je fais tout moi-même, je n'ai pas les moyens de payer quelqu'un d'autre pour le faire à ma place. »

« Je n'avais pas de machette avec moi pour couper le bois, j'ai décidé de le casser avec ma tête. Mon dos est fort, très fort. Il me fait penser à une chose : bien que j'aie faim, je peux encore prendre soin de ma famille. »

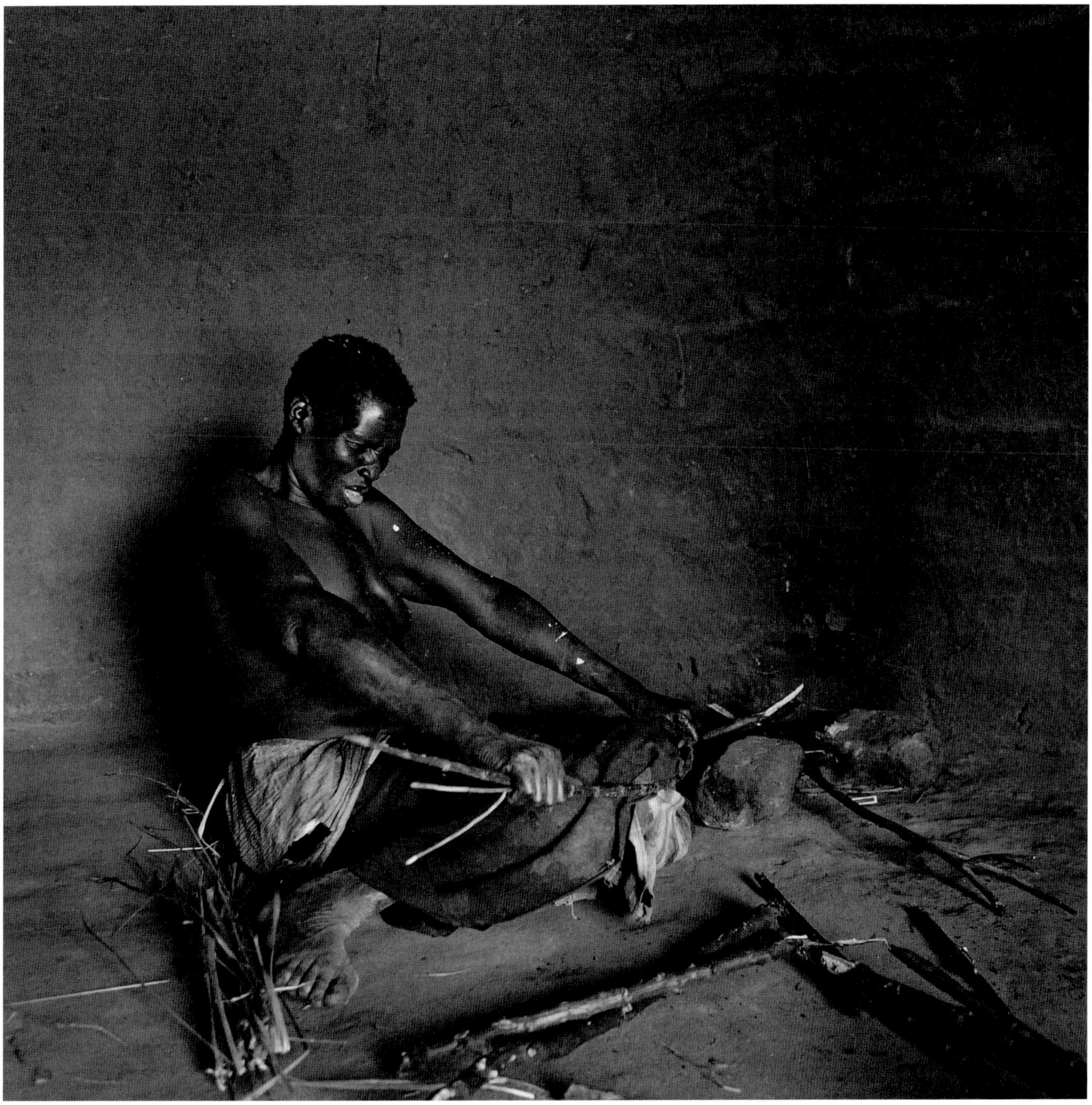

« Là, je débite le bois pour le feu. Il faut beaucoup de force.
J'ai vécu pendant sept ans dans un camp de réfugiés, la vie était
très difficile. Il n'y avait aucune règle, aucune éducation. »

«Je suis au milieu du champ de maïs, la bouche grande ouverte, les cheveux en bataille comme ceux des rebelles et les seins qui pendent. Je suis très belle parce que les feuilles sont comme des fleurs autour de moi.»

« C'est ma photo, puisque je pars travailler sur mes béquilles. Personne d'autre ne travaille sur des béquilles dans le canton de Bobi. »

*« Je rapporte le bois pour le feu à la maison.
On dirait que j'ai des ailes et que je vole dans le ciel. »*

« Là, je vois que je suis une personne qui a un souci. Quand on a le ventre froissé, chez nous, ça veut dire qu'on a un souci. »

« Cette photo est très vraie parce qu'il y a tout le monde dessus, même la poule. »

2009
STANLEY CUP
CHAMPION
DETROIT RED WINGS

« Je peux travailler dans n'importe quelle position, que ce soit à la maison, dans le bush ou au soleil dans la forêt. Rien ne peut m'empêcher de travailler, sauf si je suis malade. »

« C'est moi, ma fille Grace et sa fille, en fin d'après-midi. Grace vient de rentrer après avoir coupé l'herbe. Nous sommes très proches l'une de l'autre. »

« Ce sont mes petits-enfants, mais il en manque cinq. »

« Ma mère marche très vite sous les papayers. Je ne sais pas où elle va, si vite, comme si elle cherchait quelqu'un. »

« Ma petite-fille Acayo nettoie les haricots secs. Elle le fait comme il faut. Plus tard, elle sera une femme bien. »

« Voilà quatre générations de femmes de notre famille. Maman, moi, ma fille Grace et ma petite-fille Ayenyo. Maman est une femme forte. Elle est encore vivante et active après toutes ces années. Elle est le pilier de la famille. »

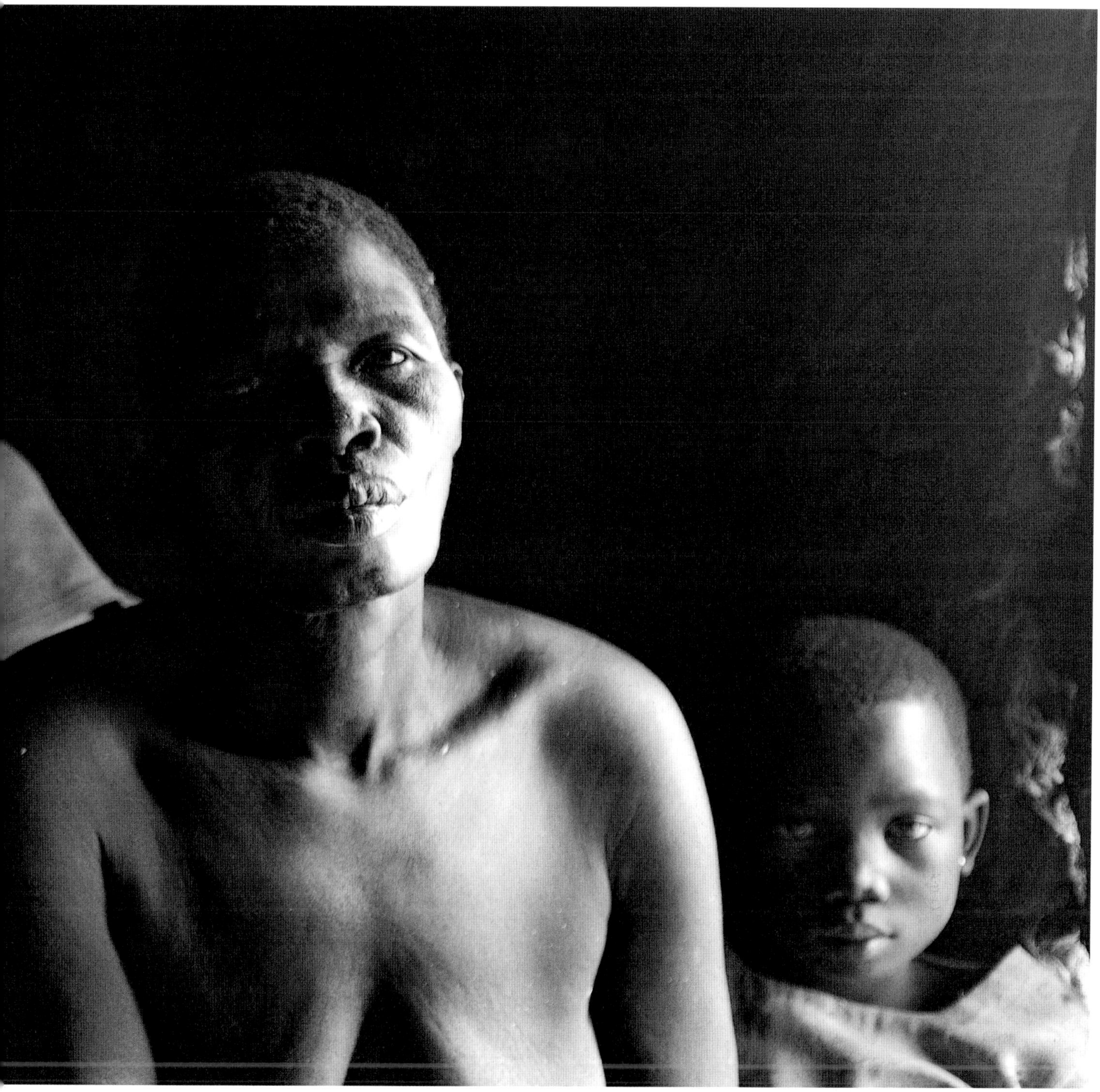

« Là, je lave les mains de tout le monde avant de donner à manger. »

« C'est ici que j'ai perdu ma jambe sur une mine. C'était tôt le matin, je partais travailler au champ. Il avait plu, je ne voyais pas bien le chemin, tout était boueux et couvert de feuilles. J'ai marché dessus, elle a explosé. J'ai passé trois mois à l'hôpital. Quand je suis revenue, avec un seul pied, ça a été pour découvrir que mon mari avait été tué par les rebelles. Je n'étais jamais revenue, j'avais peur de marcher sur une autre mine. Maintenant que j'ai remarché ici, je sais que je peux marcher n'importe où sur la Terre. »

« La rivière s'appelle la Tochi. Je m'y baignais toujours quand j'étais au camp de réfugiés, elle passe près du camp. Maintenant, j'y viens rarement, la rivière est loin. »

« Ça, c'est mon père. Je le reconnais à sa veste, personne ne met une veste à part lui. Je crois qu'il a une maladie, il doit mettre une veste le soir, sinon il tombe malade. C'était un homme très fort, il se déplaçait avec beaucoup de vigueur ; il a travaillé dans les champs toute sa vie. Je suis fâchée contre lui. Il a quitté ma mère et ne nous a pas payé l'école, alors qu'il l'a payée aux enfants de son autre femme, qui sont devenus professeurs. Je suis fâchée contre lui aussi car il ne m'a pas aidé quand mon fils a été tué. »

« C'est notre arbre. »

« C'est Odong, mon frère, je le reconnais à son chapeau ! Il raconte une histoire aux enfants, devant le feu, sous un ciel plein d'étoiles. Les étoiles sont importantes parce qu'elles nous disent l'heure. On peut par exemple regarder "Latwok", une très grosse étoile, se déplacer dans le ciel du soir au matin. Les étoiles nous ont tellement aidés quand nous fuyions les rebelles ! Elles nous donnaient de la lumière. Quand un enfant risquait de pleurer et de nous faire repérer, nous lui disions que les étoiles tomberaient sur lui. Il regardait en l'air et arrêtait de pleurer. »

« C'est moi avec Ayenyo dans la maison le soir. Je mets une bougie sur ma tête pour que tout le monde puisse se voir. »

Page précédente : *« Ma petite-fille Anena danse l'Orak, la danse d'amour des jeunes gens, devant le feu. »*

«Tous les soirs, nous devons faire un feu. C'est là que nous apprenons à nos enfants comment accueillir les étrangers, comment se comporter face à la maladie et aux autres. Nous voulons que les enfants nés dans les camps de réfugiés sachent qu'elle était notre vie avant la guerre. Le feu, chez nous, représente l'unité, tout le monde se rassemble autour. Nous apprenons la danse à nos enfants. La danse est très importante, elle scande tous les événements. Nous avons l'Orak, la danse d'amour des jeunes gens ; la Dingiding, pour accueillir les étrangers ; la Bwola, en hommage au roi ; l'Otole, pour les périodes de guerre ; la Ruth, pour les jumeaux, dansée par la mère, nue, autour du feu. Une maison sans feu est une maison non établie.»

«AINSI, J'EXISTE POUR LE MONDE»

Filda Adoch a tiré de sa rencontre avec la photographe Martina Bacigalupo une nouvelle fierté. Sur les images, elle s'est découverte forte. Son statut a changé: des Blancs sont venus de loin pour la voir. La journaliste **Anne Chaon** *a elle aussi partagé le quotidien de cette femme debout.*

A la saison des pluies, les plus hautes herbes dépassent la taille d'un homme et masquent le monde de Filda : cinq huttes de terre aux toits de palmes, la vache dans son enclos un peu à l'écart, des poules et quelques chèvres. Un décor net, sans superflu. Les enfants ne savent pas encore qu'elle est rentrée, et ce monde est silencieux, déserté.
Ce matin, Filda était en ville, fatiguée d'avoir passé la nuit sur le ciment, à l'hôpital, pour une ulcération des lèvres, bénigne mais douloureuse. Sans nous, elle serait rentrée comme elle était venue : au mieux en amazone sur un *poda-poda*, ces petites motos qui pétaradent, sinon à l'arrière d'un vélo.
Elle vit à Bobi, à 32 kilomètres au sud de Gulu, la principale ville du Nord de l'Ouganda, un gros bourg campagnard le long de la route qui traverse le pays du lac Victoria au Soudan. C'est l'Afrique verte ici, l'Equateur passe 300 kilomètres plus bas. Tous les verts de la palette, transpercés de pistes rouges et de rivières boueuses aux eaux tourmentées.
Nous sommes à l'abri dans la hutte, la paroi est tapissée de « Unes » des journaux locaux : l'élection d'Obama, la réélection de Museveni, la lutte contre le paludisme... Filda se raconte, la pluie l'empêche de sortir. Elle n'aime pas cette saison qui contrarie ses plans : il faudrait nourrir la vache, désherber, ramasser les patates douces, les haricots. Elle travaille tous les jours depuis quarante-quatre ans – ici on commence à travailler aux champs à l'âge de 10 ans. Et une journée gâchée ne se rattrape pas.
Dans la vie de Filda, on compte six enfants, quinze petits-enfants, sa vieille mère, une des poules qui s'égaillent dans la cour avec les poussins. Tous dépendent d'elle. Même cette vache, don d'une ONG à la communauté, qui pleurait à son arrivée : l'animal est incapable de se nourrir dans le bush comme le font les vaches acholies à grandes cornes. Il faut lui apporter trois fois par jour 20 à 25 kilos d'herbe fraîche et, comme tout le monde s'est peu à peu désintéressé de la vache, c'est Filda qui s'y colle. Pas rancunière, elle l'a nommée Lakica, quelque part entre la clémence et la compassion...
Il y a aussi cette verrue en crépi jaune sale et toit de tôle : une baraque offerte par l'organisation humanitaire World Vision, plantée dans la cour entre les huttes. Personne ne veut y dormir, on a fini par y entreposer quelques outils et les pigeons ont colonisé le reste.

« *I am the boss* »

Filda, c'est le pire et le meilleur de l'Afrique. La cible d'un sort acharné à infliger mille plaies, une souffrance après l'autre, comme un ressac sans fin. Et dans le même temps, une vitalité, une volonté de se réjouir de ce qui reste, de n'abdiquer devant rien, une rage à rester verticale, résolue et joyeuse dans les épreuves. « *Je suis le père, la mère, la grand-mère : je m'occupe de tout le monde dans cette famille.* » Puis, les deux pouces levés : « *I am the boss.* »

Avant, Filda avait un homme à ses côtés pour l'aider, elle en a même eu trois, tous morts en moins d'une décennie. Elle avait aussi un fils de plus, le préféré. Et une jambe gauche. La guerre qui a ravagé le Nord de l'Ouganda pendant vingt ans lui a pris ses hommes et sa jambe.
Un de ces conflits à bas bruit qui démolissent la vie des riverains, les piègent entre rebelles et soldats. L'Armée de résistance du Seigneur a déclenché les hostilités au milieu des années 1980. L'Ouganda, tout juste débarrassé du dictateur Amin Dada, n'en était pas à son premier illuminé sanguinaire. Inspirée par une prêtresse siphonnée, Alice Lakwena, et conduite par un enfant de chœur catholique qui pose au prophète, Joseph Kony, l'Armée de résistance du Seigneur prétend établir dans cette Afrique de Stanley, aux sources du Nil, un régime fondé sur les Dix Commandements. En commençant par transgresser chacun d'eux : meurtres, viols, mutilations, pillages et enlèvements massifs d'enfants pour assurer la relève des combattants-assassins. Vingt ans d'agonie prolongée par le gouvernement de Kampala, sur le dos des civils du pays acholi.
A elle seule, la vie de Filda raconte ces deux décennies de terreur. L'armée ougandaise a arrêté son premier mari, père de ses cinq premiers enfants, soupçonné de soutenir la rébellion, et l'a envoyé pourrir en prison à Kampala, la capitale. Elle ne l'a jamais revu. « *A l'époque, les gens se dénonçaient pour régler des comptes.* » Elle ne

sait toujours pas qui a « donné » son époux.
Le deuxième a été pris par les rebelles de l'Armée de résistance du Seigneur au cours d'une rafle dans les villages. Elle s'était cachée avec les enfants, lui avait voulu rester pour protéger la hutte. *« Il a dû les suivre dans le bush et ils l'ont tué. »* Où ? Elle n'en sait rien. Elle n'a jamais pu l'enterrer lui non plus.
Huit mois plus tard, en août 1996, vers 11 heures du matin, Filda se rend au champ avec trois autres femmes. Les rebelles sont passés dans la nuit. *« On avait attendu d'être sûres qu'ils soient partis. »* Il pleut fort. Le sol est trempé, les herbes sont hautes. Elle entend une détonation, ressent une brûlure, déchirante.
« De toutes façons, je ne savais pas à quoi ressemblait une mine », dit-elle comme pour évacuer tout regret. Les femmes ont couru au village chercher de l'aide. *« A l'hôpital, à Gulu, il y en avait plein d'autres comme moi. »*
Ce matin encore, elle a croisé l'une de ces femmes, blessée en même temps qu'elle. *« On s'est saluées : "Tu es toujours vivante !" »* Miraculées et incrédules.

« Je peux tout faire, même danser »

Filda passe alors trois mois à l'hôpital de Lacor, un établissement privé fondé par des missionnaires italiens et tenu pendant toute la guerre par un couple italo-canadien. Le campus en briques rouges, à 7 kilomètres de Gulu, abrite des centaines de paysans qui viennent chercher un abri pour la nuit – on les appelle les *night commuters*, ils quittent leur domicile et leurs terres à la tombée du jour, à l'inverse des citadins qui n'y rentrent que le soir. Entre les bâtiments, c'est la cour des miracles. *« Il m'a fallu du temps pour réaliser que je n'avais plus de jambe gauche. Parfois, la nuit, elle me fait encore mal. »*
Depuis, Filda arpente le bush avec ses béquilles, sur trois pattes, jusqu'à ses champs et s'agenouille pour travailler la terre. Elle s'est débarrassée très vite d'une prothèse qu'elle n'a jamais tout à fait adoptée et son genou droit, sur lequel elle repose, est devenu aussi large et calleux qu'un pied d'éléphant.
Jamais, pourtant, Filda ne se pose en victime. Par moment, sur un bon souvenir ou parce qu'elle veut être précise, elle ferme les yeux, ou place ses doigts devant ses paupières, mime la terreur en se frappant la tête, le désespoir en joignant les mains, sa fierté en pointant le pouce vers sa poitrine. A d'autres, fatiguée, elle s'allonge sur la natte, roule sur le dos, tirebouchonne une étoffe et s'en fait un oreiller, se tortille puis se rassied. Quand elle évoque les rebelles, elle souffle fort, plisse les yeux ; parle d'elle en bombant le torse, danse assise en ondulant du buste et des bras, et avale de larges goulées au bidon d'eau en plastique. *« Je me suis demandé s'il y avait une seule chose que je ne pouvais plus faire, eh bien non : je peux tout faire, même danser,* crâne-t-elle. *J'ai deux mains, une jambe, mes enfants et je peux travailler. Dieu aurait pu tout me prendre. »*
Démonstration le lendemain à la rivière Tochi, à 30 minutes de béquilles à travers le bush brûlant. Elle vient de finir sa lessive et se glisse dans l'eau brune – un vrai marigot : *« J'aime baigner mon corps »*, confie-t-elle en effleurant ses bras. Elle prononce *« my body »* avec volupté et soudain, c'est Cléopâtre se baignant dans le lait d'ânesse. *« Moi, je ne pleure pas pour appeler à l'aide… Qui viendrait m'aider ? »* Immergée jusqu'à la taille, la tête couverte de savon, elle fait mine de pleurnicher – *« Uuh, uuh, je suis handicapée, je ne peux rien faire »* – puis s'asperge en éclatant de rire. Un vrai pitre.
Après la mort de son deuxième époux, elle est restée vivre avec son beau-frère qui a « hérité » d'elle, selon la tradition. C'est un homme bon qui la garde malgré son handicap. D'ailleurs, Filda a aimé ses maris : elle les a choisis par amour, dansant devant le feu pour les séduire. Et se souvient des fêtes de mariage : du poulet, de la chèvre et du poisson, de

« Je suis le père, la mère, la grand-mère : je m'occupe de tout le monde dans cette famille. »

fortes libations au waragi aussi, un alcool domestique à base de millet ou de cassave. De l'eau de feu.

Mais elle le voit, ce compagnon, décliner, fondre et bientôt s'éteindre. *« On pensait tous qu'on lui avait jeté un sort. »* Personne ne pense alors au sida – nous sommes en 1999. *« On croyait que c'était une maladie de riches, pour ceux qui pouvaient payer des prostituées. »* La voilà rattrapée pourtant, testée séropositive deux ans plus tard.

La mort d'Okello, son fils

A l'aube des années 2000, comme des milliers de civils, elle a rejoint avec son clan le camp de déplacés de Bobi : des centaines de huttes exiguës à touche-touche, où l'on dort entassés, sans hygiène ni intimité. Les soldats ne leur ont pas laissé le choix : ils ont donné quarante-huit heures pour plier bagages avant le début des bombardements. Peu à peu, tout le Nord de l'Ouganda est ainsi parqué dans des enclos mal famés.

Les parents prennent chaque jour le risque de retourner à leurs champs pour grappiller de quoi manger. Les filles redoutent les viols, les garçons apprennent la bière et l'oisiveté.

Les fils de Filda ne s'en sont jamais relevés. Ils continuent d'observer leur mère trimer en plein midi sans même songer à proposer leur aide. Filda fait alors mine de regarder ailleurs.

Au moins, les organisations humanitaires lui procurent un premier traitement contre le sida. Mais elle songe à *« tout arrêter »* à la mort de son fils. Okello avait 18 ans. Il était l'aîné des garçons, le plus gentil avec sa mère. Il est tombé dans une embuscade rebelle en allant chercher les résultats de ses examens de fin de scolarité. Ce jour-là, ses amis l'accompagnent, mais il est le seul tué. Quand Filda apprend la nouvelle, elle part sur ses béquilles vers Gulu pour vérifier que la radio ne s'est pas trompée – aucun doute : Okello avait sa carte d'identité sur lui. Puis elle prend la route de Kitgum, vers l'est, l'une des plus dangereuses de la région, pour récupérer le corps de son fils. Elle le ramène à Bobi avec l'aide de trois femmes de l'association de handicapées qui l'épaule depuis son accident. Son père refuse de l'aider. *« Il pleuvait très fort, on l'a enterré tout de suite, sans attendre. »*

Pour la première fois et la seule, Filda pleure. Cette blessure-là reste trop vive. La tombe d'Okello jouxte la hutte, sans croix ni signe distinctif. Au deuxième jour, en rentrant des champs, j'ai cherché pour Filda la houe qu'elle avait égarée et l'ai trouvée gisant au cœur d'un massif d'herbes folles. Elle a fait comme si elle ne me voyait pas. Plus tard, Caroline la traductrice – Filda s'exprime surtout en acholi – m'a expliqué que c'était la tombe du fils préféré : *« Ce sont des herbes ordinaires mais Filda les garde toujours plus hautes que les autres : si elle les coupe, elle ne saura plus la retrouver. »* Quand Filda a commenté les photos de Martina Bacigalupo, s'arrêtant longuement sur chacune, elle est passée très vite sur celle-ci : *« Ceci est la tombe de mon fils. Il n'y a rien à ajouter. »* Pourtant, Filda ne refuse rien à Martina. La photographe italienne, installée au Burundi, l'a rencontrée en suivant l'organisation Human Rights Watch : elle illustrait un rapport sur les discriminations qui frappent les femmes handicapées dans la région. Cinq minutes par-ci, cinq minutes par-là, pas une façon de travailler : la règle de Martina, c'est l'immersion. Déclencher comme ça, à la va-vite, lui paraît sans objet. Elle sent que le sujet lui échappe, elle veut du temps. Alors Human Rights Watch lui propose de choisir parmi l'une des 70 femmes de son enquête – *« un casting de la douleur »*, note-t-elle avec ironie.

Chez Filda, elle a décelé une personnalité, une meneuse, conseillère locale auprès du district, élue puis réélue à l'unanimité par sa communauté, l'interlocutrice des organisations humanitaires contre le sida ou le handicap, celle qu'on vient chercher pour désamorcer les conflits.

« Et tu vas rester combien de jours pour moi ? »

Le jour de leur rencontre, par respect pour ses visiteurs, Filda avait revêtu le vêtement le plus sophistiqué de sa garde-robe : une robe jaune à jabots et volants, *« pleine de froufrous »*, insiste Martina. Vision décalée entre cette fantaisie de petite fille et la puissance des bras, les mains calleuses, le pied rêche et l'obstination, la détermination de cette femme qui refuse de se

plaindre. Martina retourne la voir le lendemain, la trouve *« aux champs, les seins nus, en sueur »*. Plus du tout la même image. Elle demande à revenir, plus longtemps. Et la voici de nouveau dans la place, quelque temps plus tard : *« Je crois qu'elle ne s'attendait pas à me revoir. »* Flattée et intriguée à la fois, Filda lui demande : *« Et tu vas rester combien de jours pour moi ? »*
Un mois durant, Martina partage ses journées, la rejoint au champ, le matin à 7 heures, quand il faut couper l'herbe de la vache, souffle la bougie le soir quand Filda et sa mère se couchent dans la hutte auprès des petites filles. Elle pensait initialement rester la nuit, mais il n'y avait pas de place pour dormir. *« Je les aurais gênées. »*
Elle regagne donc chaque soir Gulu, ses deux rues défoncées qui se croisent autour d'une statue d'écoliers juchés sur une pile de livres, une poignée d'échoppes utilitaires, des épiceries, des garages, et deux studios photos où l'on vient se faire tirer le portrait après parfois deux jours de marche. Alors que les combats ont progressivement cessé entre 2008 et 2009, les organisations humanitaires et les agences de l'ONU sont encore omniprésentes ; elles constituent l'essentiel de la circulation automobile de Gulu et la clientèle du Coffee Hut, le café Internet où les Blancs s'attablent devant un cappuccino et un banana cake comme à New York.
C'est sans doute pour eux et l'argent des programmes humanitaires qu'ont poussé toutes ces banques, une dizaine en tout, dont les façades en verre-miroir renvoient le reflet des flaques de boue. A moins que les banquiers ne fassent le pari d'un prochain décollage économique de Gulu ?
Martina aime le cappuccino et le banana cake, mais n'apprécie guère le monde clos des Blancs d'Afrique. Elevée à Gênes dans un milieu éclairé et privilégié, elle s'est tanné le cuir en sillonnant l'Afrique des Grands lacs à bord de bus locaux et d'improbables tape-culs où les *muzungus* (les Blancs, en swahili) se font rares. Quinze ans d'escrime au plus haut niveau (jusqu'aux championnats du monde), de front avec des études de littérature comparée, lui ont enseigné *« rigueur et persévérance »*, selon ses termes.

« Avant, je pensais que je ne comptais pas »

Filda s'est d'abord interrogée sur les desseins de cette jeune femme qui passait son temps à les mitrailler, elle, sa famille, la vache et les poules. *« Au début, je ne souhaitais pas qu'on prenne ma photo et, surtout, je ne voulais pas que ces photos sortent d'ici. Je trouvais que mon allure avait quelque chose de décourageant : j'avais l'air si pauvre, vraiment moche. C'était tellement sombre, ça allait me rendre plus insignifiante encore aux yeux du monde. Mais Martina m'a expliqué que si on vivait ainsi, c'était à cause de la guerre. »*
La confiance s'installe entre les deux femmes, la plus jeune pénétrant à pas de loup le monde de son aînée. Martina a commencé à rester à la nuit tombée auprès du feu, le cœur de la culture acholie, où les traditions, la danse, les contes s'échangent et se transmettent d'une génération à l'autre. Quand elle est rentrée des camps, en 2010, ce fut d'ailleurs le premier geste de Filda : rallumer le feu. *« Dans les camps, les enfants ont perdu le sens des traditions. »*
Martina la convainc de retourner pour la première fois à l'endroit où elle a perdu sa jambe quinze ans plus tôt : *« J'avais si peur... j'étais sûre que ça allait se reproduire quand je mettrais le pied par terre. On a garé la voiture le long de la route, je me souvenais exactement de l'endroit... »*
Repartant sans encombre, elle s'est sentie invincible. Martina a conscience d'avoir délivré Filda de ses cauchemars : *« Une psy m'a dit que j'avais, avec quelques pas, réalisé l'équivalent de dix ans de thérapie ! »*
Filda est aujourd'hui terriblement fière des photos que Martina apporte systématiquement au village. Elle s'y est découverte avec surprise, admiration même quand elle contemple son dos musclé – *« c'est bête à dire, mais Filda ne s'était probablement jamais vue de dos »*, relève Martina. Ses préférées la montrent près du feu, entourée de ses petits-enfants. *« On est tous ensemble et on va manger : ça me donne confiance, ça me montre que je peux élever et nourrir ma famille sans mendier. Je suis mon maître. Ça me donne encore plus d'espoir. »*
Elle aime aussi ces photos parce qu'elles lui disent que des *muzungus* sont venus de loin pour la voir et la

suivre. *« Ainsi, j'existe pour le monde… Avant, je pensais que je ne comptais pas. »* Comme si la mise en images de son quotidien attestait tout à coup son existence, lui conférait du poids, l'assurance et le réconfort d'être bien vivante, partie prenante de la communauté des hommes.
Ce sentiment s'affirme davantage encore lorsque Martina revient avec le catalogue de Visa pour l'image, le festival de Perpignan où la saga Filda a été exposée pour la première fois. « Visa », c'est splendeurs et misères du monde en 200 pages : quand elle tient pour la première fois l'ouvrage entre ses mains, Filda le feuillette en commençant par la fin. A chaque page, Martina commente pour elle : *« Ça c'est l'Irak…, ça c'est l'Afghanistan… »* Suivent les ravages du tsunami au Japon, les pénitenciers d'Amérique latine, des inondations au Bangladesh… et soudain : *« Ça c'est l'Ouganda ! »* s'exclame Filda, le pouce pointé vers la poitrine, estomaquée et radieuse de se découvrir, dans le livre, l'incarnation à elle seule de son pays tout entier. A égalité avec d'autres saisis ailleurs, même des soldats. *« En un sens, mes souffrances me rendent célèbre aujourd'hui : grâce aux photos on va me connaître partout »*, se réjouit-elle. Elle voit bien d'ailleurs que le regard de ses proches a progressivement changé. *« Ils me respectent davantage. »*
Les hommes surtout, son père et ses deux frères, dont Georges, le conteur, qui vient roder autour de la hutte, fier de s'exprimer dans un anglais aisé. Quand le père est parti avec d'autres femmes (il en a eu six en tout), seule Filda est restée au côté de sa mère. Ces deux femmes ne se sont jamais fait défaut. *« Je suis tout à la fois sa fille, sa sœur, sa mère et son compagnon »*, résume-t-elle.

« J'ai deux mains, une jambe, mes enfants et je peux travailler. Dieu aurait pu tout me prendre. »

Adaa (grand-mère, en acholi), qui peut avoir autour de 75 ans avec ses cheveux gris ras, surveille le dîner dans sa hutte enfumée, un faitout de haricots qui mijote sur les braises, assise sur sa natte, le dos droit, les jambes tendues – une vraie leçon de maintien.
Quand le père, un beau vieux monsieur grisonnant et presque aveugle, vient s'immiscer dans la conversation, Filda se renfrogne et se détourne. Plus encore quand il réclame *« une photo tous ensemble »*. Du fond de la hutte, la grand-mère répond que *« toutes les photos qui méritaient d'être prises l'ont été »*. C'est dit. Un petit silence s'installe.
Les temps sont durs : depuis le début de l'année, le prix du sucre, de l'huile, du pain ou du posho traditionnel (la bouillie de maïs) flambe. Aussi mange-t-on ce que l'on cultive, une seule fois par jour, après l'école et les champs. *« S'il y a des restes, c'est pour les enfants le lendemain matin. »*
Tout le monde a faim, personne ne se plaint.
En fin de mois, Filda doit aussi songer à préparer les 10 000 shillings (environ 6 dollars) pour son lot mensuel de médicaments antirétroviraux.
Les fillettes ont dansé, un pagne autour des reins pour souligner la taille, entraînant Martina avec elles. De nouveau, on ressort le catalogue de Perpignan, manipulé comme une sainte relique. Les enfants s'arrêtent au visage d'une jeune Afghane mutilée pour avoir quitté son mari, le prix World Press 2011. Elle n'a plus ni nez, ni oreilles. Nourrie de ses souvenirs, la petite assemblée incrimine aussitôt *« les rebelles »*.
Filda est surtout interloquée par cet homme qui dort sur un trottoir, dans une ville de Blancs : *« Il est ivre, ou drogué. »* Concevoir qu'il est sans doute sans abri dépasse son entendement. *« Je pensais que tous les muzungus étaient riches… Alors, je suis très bien ici ! J'ai un toit. »*
Aujourd'hui, Filda jure qu'elle ne craint plus rien sur terre – *« sauf l'attaque d'un lion, parce que je ne peux pas courir »*.
Une vie passée à éviter les ennuis laisse peu de place aux projets ou aux rêves : les siens seraient de ne plus avoir faim et de porter un *gomas*, la robe traditionnelle ceinte d'un pan noué sur le devant. Sinon, Filda attend le prochain retour de Martina : *« Reviens quand tu veux et dis aussi à qui le souhaite qu'il peut venir me voir »* •

Triptyque

CUISINES ET DÉPENDANCES

Femmes de ménage, nounous, jardiniers... Sur tout le continent africain, une armée des ombres veille au confort des mieux lotis. Au Kenya, ancienne colonie britannique, ses fantassins passent du bidonville à la piscine.

Guillaume Bonn

« Un domestique peut être dans la même famille depuis vingt ans sans que son employeur sache d'où il vient »

« Margaret, 50 ans, est femme de ménage et cuisinière dans une famille indienne de Nairobi. Elle vit dans cette maison depuis vingt ans et, quand la famille séjourne à Londres, elle la suit. Margaret est très sympathique, elle a beaucoup souffert, sa fille unique est décédée. »

« Chauffeur pour une riche famille indienne installée au Kenya depuis plusieurs générations, Karyiuki vient de la ville de Nyeri, dans le centre du pays. Il a 68 ans et huit enfants. Une de ses filles est prostituée, ça le rend terriblement malheureux. Il est tellement mal payé qu'il ne peut rien y changer. »

« Nous sommes à Kitisuru, un quartier de Nairobi en pleine expansion. La maison appartient à des Kényans noirs qui ont fait fortune dans la construction. Kavina (à gauche) est ougandaise. Elle a fui son pays dans les années 1970. A l'époque du dictateur Idi Amin Dada, sa famille a été décimée. Mariée à un Kényan, elle vit dans le bidonville de Kamgeme. Il lui faut une heure et demie pour venir tous les matins, en bus. A 50 ans, elle a deux enfants, un petit-fils, un mari sans travail. Sa famille vit avec son salaire. »

« Sa collègue Florence, 47 ans, vit dans le même bidonville ; il n'y a ni eau courante ni électricité, et l'insécurité est pire que dans ce genre de maison entourée de murs. »

« A la maison, Lydia s'occupe de tout. Elle a 32 ans et deux garçons qu'elle élève seule. »

« La propriétaire de cette maison est une Anglaise installée dans la capitale kényane depuis une quinzaine d'années. Créatrice d'accessoires, elle a un magasin dans un grand centre commercial. »

*« Lydia partage une pièce d'environ
12 mètres carrés dans les dépendances
avec son fils cadet. Njoroge a une
douzaine d'années, comme le fils
de la famille qui emploie sa mère.
Les deux garçons s'entendent bien, ils
vont à la piscine ensemble, jouent au foot.
Le frère aîné de Njoroge a pu aller
en pension grâce à la maîtresse de maison,
qui a payé les frais. Il s'est engagé dans
l'armée, une ascension sociale incroyable
pour la famille de Lydia. »*

« Au bord de la piscine, la nounou s'ennuie, comme sa jeune maîtresse, allongée dans un transat. Nous sommes au Muthaiga Club, dans le quartier le plus huppé de Nairobi. On devine ce club anglais dans le film "Out of Africa". En fait, Sydney Pollack, le réalisateur du film tiré du livre de Karen Blixen, n'avait pas eu l'autorisation de tourner ici, il avait dû reconstituer l'ambiance. Il existe encore un bar dans ce club où seuls les hommes sont admis. »

« Tea time dans la véranda d'une vieille maison anglaise de Muthaiga, le quartier historique des colons britanniques. La bâtisse est occupée par des Français installés au Kenya depuis une trentaine d'années, des producteurs de roses. »

« La sonnette ou la cloche – ici entre le couteau et la serviette – sont toujours d'usage dans beaucoup de familles, qu'elles soient noires ou blanches. Au moment de l'indépendance, en 1963, une loi en a interdit l'usage. Mais vu le taux de criminalité dans le pays, il y a bien d'autres délits à sanctionner »

« Parce que son lopin de terre était trop petit pour nourrir ses six enfants, David a quitté son village pour devenir "askari" à Nairobi. Du temps de l'Empire britannique, un "askari" était un Kényan recruté par l'armée anglaise. Aujourd'hui, c'est un gardien. »

S H YOUNG

« A Nairobi, les armes à feu sont interdites mais l'arc est toléré et les flèches sont parfois empoisonnées. Joseph, 38 ans, manie bien l'arc. Il est Samburu – une tribu "cousine" des Masaïs. Il est fier que je le prenne en photo. »

« Il n'y a pas beaucoup de machines à laver, Nairobi manque d'eau. Purity remplit des bassines avant de faire la lessive à la main. Elle a 33 ans, s'est mariée à 15 ans, et a un fils qui a déjà 19 ans. Elle est employée par un Irlandais qui travaille pour les Nations unies. »

« L'île de Manda, dans l'archipel de Lamu, sur la côte swahilie, est un haut lieu de villégiature. Julius a quitté la ville portuaire de Malindi pour y travailler. Il a trouvé une place de chef cuisinier dans cette maison. Le propriétaire, un Italien, a fait fortune dans le trafic d'armes ; il est mort, depuis, dans un accident d'avion. »

« Michael, 36 ans, est boy dans la résidence secondaire d'un couple de Français sur l'île principale de l'archipel de Lamu. Il vient lui aussi de Malindi, où il a laissé sa famille. »

« Cette femme de ménage n'est pas en train d'étendre le linge : elle relève les rideaux de la terrasse. La vieille bâtisse anglaise se trouve à cinq heures de route de Nairobi, au milieu de nulle part. Ses propriétaires, des Kényans noirs, la louent à des Kényans blancs. Entourée d'écuries, elle est utilisée comme base arrière pour des safaris à cheval. »

« C'est une bulle du passé préservée par des Africains blancs. »

« Ces femmes sont employées dans une ferme de la vallée du Rift, près de la ville de Nakuru. »

« Les fermiers, des Blancs, sont installés ici depuis deux générations. Ils produisent de la viande et du lait. »

« De l'autre côté de la route, un immense bidonville se développe à toute vitesse. Deux Afriques se côtoient. »

« Le palefrenier est allé chercher les chevaux, ses employeurs vont faire une balade sur la propriété. Nous sommes près du lac Naivasha, dans une très belle ferme de quelques centaines d'hectares, ce qui est peu au Kenya. »

« L'employée de maison d'une famille prépare un pique-nique sur la propriété du Yachting Club du lac de Naivasha. C'est un très bel endroit, à une heure et demie de route de Nairobi. La région était un lieu de villégiature prisé, il l'est moins depuis que les bidonvilles s'étendent. Le club de voile est fréquenté surtout par des Blancs, mais aussi par des Noirs, dont certains arrivent en hélicoptère. Les Blancs de Naivasha sont devenus des "pauvres" par rapport à eux. »

« La passagère à l'avant s'appelle Caroline. Elle a 41 ans et a vu naître le jeune homme au volant, ainsi que sa sœur, derrière elle. Elle a été leur nounou et travaille depuis plus de vingt ans dans cette famille. La propriété fait des milliers d'hectares, c'est une réserve de léopards, de guépards, de buffles, de girafes… Des étrangers fortunés viennent y faire des safaris. »

« Tous les jours, Phyllis passe de son bidonville à ce décor criant de beauté et de paix au fin fond du lac Naivasha. Elle est bonne à tout faire dans cette magnifique propriété, peuplée de buffles, de zèbres et de girafes. Le propriétaire est un Anglais installé au Kenya depuis au moins un demi-siècle. Sa famille l'avait envoyé là parce qu'il était le "mouton noir", sa mère était duchesse. »

« Evelyn a travaillé pendant une dizaine d'années dans une famille d'expatriés, dans le quartier de Gigiri, à côté du quartier général des Nations unies à Nairobi. Venue de la province de Nyanza et logée dans les dépendances, elle faisait partie de la famille. Jusqu'au jour où ses employeurs, qui voulaient lui faire un cadeau, lui ont offert le prix d'un terrain dans sa tribu. Le lendemain, Evelyn avait disparu. La famille s'est alors demandé si finalement, au bout de dix ans, elle connaissait vraiment Evelyn. »

SOUVENIRS DE LA MAISON DES AUTRES

En 2010, Eva Kasaya, 32 ans, a publié au Kenya un livre dans lequel elle raconte sa vie de domestique adolescente dans les maisons tout confort de Nairobi, la capitale.

Elevée au milieu des champs et des cases en terre au sud du Kenya, la petite Eva rêve d'une vie où il suffirait d'appuyer sur un bouton pour avoir de la lumière et où l'eau coulerait au robinet. Un jour, ses parents ne peuvent plus payer l'école. Elle a 14 ans, et se console en s'imaginant domestique à Nairobi, la capitale.

Je pensais qu'un travail m'aiderait à partir du village. Je ne supportais plus de voir mes amis aller à l'école et se vanter en me racontant, d'un air supérieur, combien la classe était passionnante. J'espérais gagner de l'argent, pouvoir en donner à mes parents et prouver que je pouvais y arriver sans l'école. Nous avions un voisin dont les enfants n'étaient jamais allés en classe. Pourtant, sa fille Mary avait un emploi. J'avais entendu dire qu'elle travaillait pour une riche famille à Nairobi. De temps en temps, elle nous rendait visite. Sa peau semblait plus lisse et lumineuse que celle de n'importe laquelle des filles du village. Ses cheveux étaient tressés avec soin et elle avait du rouge à lèvres et du vernis à ongles. Ses habits étaient ajustés, elle portait des tops sans manche et des jupes courtes comme nous n'en avions jamais vus dans le village. Les filles se rassemblaient autour d'elle, et elle racontait que la vie à Nairobi était la meilleure qui puisse exister. »

Eva a 15 ans quand sa sœur lui décroche un emploi dans une famille noire du quartier huppé de Doonholm, à Nairobi.

« La maison de mon employeur se trouvait dans un lotissement au milieu d'autres propriétés. Chacune avait un portail à l'entrée. Le sien était bleu avec des lampadaires de chaque côté, il y avait des fleurs et un interrupteur sur le mur. *(...)* Le décor s'accordait à l'idée que je me faisais de la richesse. La famille était aussi impatiente de me rencontrer que je l'étais de la découvrir. La maison comptait deux chambres et un salon assez grand pour accueillir deux immenses canapés. Dans un coin, il y avait une télé sur un meuble en bois. Dessus trônait une photo dans un cadre. C'était la première fois que je voyais une télé. Je la fixais en espérant entrevoir le chanteur Kanda Bongoman. Le sol était recouvert d'un tapis vert. C'était comme s'ils marchaient sur une couverture pour avoir chaud.
La famille avait une maison bien équipée avec un téléphone, une télé, un réfrigérateur, un four à micro-ondes et une cuisinière. Tout dans la cuisine était nouveau pour moi. J'étais habituée à cuisiner sur un feu avec des pierres. Je n'osais pas demander à quoi servaient toutes ces choses. *(...)*
Il y avait le mari, sa femme, un garçon de 7 ans et une petite fille de 2 ans. Tous les matins, j'emmenais le garçon à l'école, à 200 mètres de la maison. *(...)* Sur la route, je croisais d'autres filles qui accompagnaient des enfants. Elles avaient l'air soigné et plein d'assurance. Elles portaient des pantalons serrés ou de jolies jupes. Leurs cheveux étaient bien noués, soyeux et en pleine santé à la différence des miens, durs, secs, courts et frisés.
Je me disais qu'après mon premier salaire j'allais me transformer et devenir comme elles. Dès que je rencontrais une fille sur le chemin, je la saluais. La plupart ne me répondaient pas et celles qui le faisaient renvoyaient plus un grognement qu'une réponse audible. Au village, c'était impensable de ne pas répondre à une salutation. Tout le monde aurait dit que vous

“faisiez la fière”. Après avoir nettoyé la maison et fait les lessives, je donnais à manger à la petite, et je m'asseyais devant la télévision. Dans la plupart des programmes, il y avait des Blancs. J'aimais aussi les émissions de musique. Je regardais les femmes danser dans leurs vêtements serrés tout en répétant les mouvements qui allaient me permettre d'impressionner les filles au village.
A 8 heures du soir, toute la famille, moi y compris, regardions un feuilleton en silence. Je ne comprenais pas un mot, mais j'étais contente de voir des Blancs. C'était la première fois que je voyais des gens s'embrasser si ouvertement. Au départ, je ne pouvais m'empêcher de glousser, jusqu'à ce que je réalise que personne n'y trouvait rien à redire : j'étais la seule gênée. »

Après avoir dû rentrer au village, Eva tente à nouveau sa chance à Nairobi. Elle atterrit dans un bidonville et reprend espoir quand elle trouve une place dans la belle maison de Mama Jacky.

« Le lendemain de mon arrivée, Mama Jacky vint taper à ma porte à 4h45. “*Tata, réveille-toi et prends ta douche*”, me dit-elle. J'avais encore sommeil, mais j'obéis aux ordres de ma patronne et je me levai.
J'allumai le poêle pour chauffer l'eau, mais elle revint et me dit que je devais me laver à l'eau froide pour rester éveillée et arrêter de perdre du temps. Mama Jacky me demanda ensuite de chauffer l'eau pour son bain.
Dans le même temps, je préparai le porridge de la petite fille, Jacky, et deux tasses de thé, conformément aux instructions. Je commençai à nettoyer le tapis et à laver le sol.
A 7h15, je m'occupai déjà de la lessive. Mama Jacky voulait que tout soit fait avant que sa fille ne se réveille. Jacky se réveilla à 8 heures, son pyjama et ses draps étaient trempés. J'emmenai la petite fille dans la salle de bains et je lui donnai son bain avant de l'habiller avec des vêtements propres. Je lui donnai ensuite une tasse de porridge sans sucre qu'elle mangea sans difficulté, à ma grande stupéfaction. On m'avait dit de m'assurer que la petite ferait une sieste à 11 heures et, ensuite, je devais bêcher le petit jardin derrière la maison. Le chauffeur arriva à 8h30 et il conduisit ma patronne au travail. Elle ferma à clé le portail en bois avant de partir.
Mama Jacky mettait toujours sous clé tout ce qui avait de la valeur à ses yeux – la chambre, le frigo (et tout ce qu'il contenait), et verrouillait la porte principale.
La radio et la télévision étaient inaccessibles également. (...)
Les choses continuèrent ainsi les jours suivants. J'attendis le dimanche avec impatience pour rendre visite à ma cousine et sa famille. Quand il arriva, je me réveillai tôt comme d'habitude, et je fis toutes les tâches ménagères.
Mama Jacky était toujours dans sa chambre. Je frappai doucement à la porte :
“*Qu'est-ce que c'est ?*, demanda-t-elle.
– *Nous sommes dimanche aujourd'hui, et j'aimerais rendre visite à ma cousine*, répondis-je.
– *Tata, je ne veux pas de petits jeux. Habille-toi en vitesse ; nous allons à l'église*”, ordonna-t-elle.
Elle ajouta que si je voulais partir, je pouvais tout aussi bien faire mes valises et partir pour de bon » •

Extrait de Tale of Kasaya *(Editions Kwani, Nairobi, 2010). Traduit de l'anglais par Mathilde Boussion.* *© Eva Kasaya.*

POUR EN SAVOIR PLUS

Le legs britannique

Comme dans le monde de l'écrivaine danoise Karen Blixen, devenu mythique grâce au film *Out of Africa* (1985), les héritiers de l'aristocratie britannique installée au Kenya se nomment Delamare, Leakey, Mountbatten. De l'Empire restent aussi le « tea time », les uniformes et parfois la sonnette. Mais depuis longtemps, les Blancs ne sont plus les seuls à employer des domestiques sur le sol de la première puissance économique d'Afrique de l'Est. Le pays, indépendant depuis 1963, s'est approprié certaines des manières de l'Empire : avoir un « house boy » ou une « house girl » fait partie des usages.
Du businessman au petit commerçant des bidonvilles, tout le monde ou presque emploie quelqu'un. Des femmes le plus souvent, parfois très jeunes, venues de la campagne et peu éduquées, qui convergent vers les grandes villes. Dans un pays où le chômage toucherait 40 % de la population, trouver un emploi dans un quartier résidentiel est considéré comme une chance. Les gardiens, chauffeurs et cuisinières entrent tout autant dans l'intimité des expatriés européens que dans celle des hommes d'affaires kényans qui prospèrent dans les télécommunications, la finance, les assurances ou les transports. Beaucoup sont également employés par des Indiens, descendants de la main-d'œuvre « importée » par les Britanniques pour construire les chemins de fer à la fin du XIXe siècle.

DR

L'écrivaine danoise Karen Blixen (1885-1962).

Quelques dizaines d'euros par mois

Invisibles et silencieux, les domestiques seraient plus de 1 million au Kenya. Recrutés grâce au bouche-à-oreille, plus rarement par le biais d'une agence spécialisée, ils n'ont en général ni contrat de travail, ni droits. Le chercheur Michael Wainaina estime, dans une étude datant de 2002, que *« dans l'esprit du Kényan moyen, l'employée de maison est une personne en échec qui s'est elle-même résolue à ne pouvoir échapper à son destin ».*
Cachés derrière les murs des hautes bâtisses des quartiers chics ou les volets des petits étals des bidonvilles, beaucoup de domestiques subissent indifférence, violences verbales ou

physiques, salaires impayés, horaires impossibles, harcèlement sexuel… La plupart toucheraient entre 2 000 et 4 500 shillings (entre 16 et 40 euros) par mois. En juin 2011, le gouvernement kényan a adopté une loi relevant le salaire mensuel minimum des travailleurs domestiques à 7 500 shillings (60 euros). Dans ce pays où nombre de crimes restent impunis, la loi a peu de chances d'être appliquée.

Nairobi, métropole régionale

Avec plus de 3,5 millions d'habitants, la capitale kényane, Nairobi, est la ville la plus importante d'Afrique de l'Est. C'est aussi l'une des plus riches du continent : centre économique, politique, médiatique et culturel, elle accueille les multinationales et constitue la base arrière de la plupart des organisations internationales et humanitaires dans la région. Des milliers de Kényans venus des campagnes affluent chaque année. La plupart viennent grossir les bidonvilles. Nairobi est surnommée « *Nai-robbery* » (« robbery » signifie vol en anglais).

ANTONY NJUGUNA / REUTERS

Un million de personnes vivent dans le bidonville de Kibera, à Nairobi.

THOMAS MUKOYA / REUTERS

La région de Naivasha, à 90 kilomètres de Nairobi, est devenue une terre de culture de roses à destination de l'Europe.

La « joyeuse vallée de la gâchette »

Au sud de la vallée du Rift, sur les bords du lac Naivasha, la « Happy Valley » a longtemps abrité le paradis des colons britanniques. A l'indépendance du pays, en 1963, ils sont des dizaines de milliers à choisir de rester, beaucoup adoptent la nationalité kényane. Parmi eux, de grands propriétaires qui se reconvertissent dans le tourisme, la conservation de la faune et entretiennent souvent un rêve colonial fait d'immensité, de grands fauves, de carabines et, parfois, d'excès.
En 2006, un fait divers ébranle les dernières certitudes de ce monde replié sur lui-même. Un aristocrate britannique, Thomas Cholmondeley, arrière petit-fils de Lord Delamare, figure de proue de la colonisation, abat d'un coup de fusil un paysan en train de braconner sur ses terres. C'est la deuxième fois en un an qu'il tue un Noir au fusil. L'affaire a une grande résonance. La « Happy Valley » devient la « Trigger Happy Valley », la « joyeuse vallée de la gâchette ». La communauté des grands propriétaires était parvenue à conserver une partie de ses privilèges en évitant d'attirer l'attention. Elle compte de moins en moins aujourd'hui. Les hommes d'affaires kényans ont supplanté son influence.

Naivasha, le paradis et l'enfer des roses

La région de Naivasha est devenue une vaste zone de production de roses, l'un des piliers de l'économie kényane avec le tourisme et le thé. En 2007, les roses représentaient 47 % des exportations du pays.
A la conquête du nouvel eldorado, expatriés et entrepreneurs ont investi en masse les bords du lac pour y implanter des serres. Les derniers grands propriétaires assistent avec dépit à cette évolution qui draine des milliers de Kényans vers la vallée, où la criminalité a explosé. Pollué par les eaux usées et les pesticides, le lac Naivasha est aujourd'hui menacé.

DANS LES COULISSES

Guillaume Bonn avait 15 ans quand sa famille s'est installée à Nairobi. Il a vécu pendant vingt-trois ans au Kenya. Installé aujourd hui à Paris, il ne passe pas six mois sans y retourner.
Son projet est né d'une question personnelle : il a commencé par se demander ce qu'étaient devenues ses propres nounous, qu'il n a jamais retrouvées.
En discutant dans les cuisines et avec ses amis, il s'est rendu compte que deux mondes se côtoyaient sans se connaître. L'un était invisible. Grâce à ses entrées, il l'a photographié pendant deux ans, au gré de visites dans son entourage. Il ne cherche pas à dénoncer une situation, mais à « *amener à la lumière des gens qui sont dans la vie des autres, dans leur ombre* ». Ses amis ne voyaient plus leurs domestiques parce qu'« *ils font partie de la vie de tous les jours* ». Lui, souvent en déplacement, avait un œil neuf.
Entre ces deux mondes, « *l'incompréhension est totale* », dit-il. Lorsqu'il a montré aux employés leurs propres photos, il a lu dans leurs yeux une question : « *Pourquoi ce Blanc nous porte-t-il autant d'attention ?* »

ENTRETIEN *Gilles Peress*

« J'AI TOUT À COMPRENDRE »

Gilles Peress, 65 ans, est l'auteur de nombreux sujets de fond, tous liés à des traumatismes : le conflit en Irlande du Nord, la révolution iranienne, la guerre en Bosnie, le génocide au Rwanda, les attentats du 11-Septembre, aujourd'hui le conflit israélo-palestinien. Entre journalisme et anthropologie, les travaux de ce membre de l'agence Magnum n'entrent dans aucune catégorie.

Propos recueillis par Michel Guerrin

Les sujets choisis par Gilles Peress prennent le plus souvent la forme de livres, tous différents – leurs seuls liens sont le noir et blanc et un texte minimal afin de laisser le spectateur construire sa propre lecture. «Telex Persan», sur la révolution iranienne de 1979, a marqué des générations de photographes par sa façon de casser les codes du reportage et du récit, de se placer en marge de l'événement. Ce Français installé à New York refuse les commandes de la presse, mais travaille sur le terrain de la grande actualité. Grâce sa renommée, il a inventé une économie toute personnelle: il enseigne, obtient des prix, des bourses, des mandats de fondations, expose dans des lieux prestigieux. Il produit peu, parle encore plus rarement.

6Mois En 1974, vous quittez la France pour vous installer aux Etats-Unis. Pourquoi?
Je décide de partir le 19 mai, le soir même de l'élection de Giscard d'Estaing à la présidence de la République. Je me souviens encore de ces jeunes filles en T-shirt blanc, sur les Champs-Elysées, en train de crier: *«Giscard! Giscard!»* Je sentais qu'en France les choses n'allaient pas fatalement être intéressantes.

Il n'y a pas aussi une raison liée à la photographie?
C'est vrai que 1974 est l'année où Cartier-Bresson donne un long entretien au journal *Le Monde*, qui reprend en titre une de ses déclarations: *«Nul ne peut entrer ici s'il n'est pas géomètre.»* Ce qui signifie que pour lui il n'y a qu'une seule façon de photographier et de composer: par la géométrie. J'aimais beaucoup Henri, il était un excellent photographe, il a été extrêmement généreux avec moi quand j'étais môme, on passait du temps ensemble, on buvait du thé, il m'a appris des choses. Il me disait par exemple: *«Aux magazines et aux éditeurs de journaux, tu ne leur dois rien, sauf de livrer à l'heure tes images.»* Ou encore: *«Tu ne peux faire plaisir à tout le monde et à ton papa en même temps.»* Il me tenait un discours de liberté, mais il avait des convictions plutôt fermées. Henri était si dominant dans la photographie en France à cette époque… Le problème n'était pas tant lui que l'interprétation réductrice qu'en ont faite ses «enfants», à l'agence Magnum et ailleurs. Beaucoup de voies possibles passaient à la trappe, par exemple les images distantes et frontales d'un Walker Evans ou l'implication mélancolique d'un Robert Frank. La France était le pays du photojournalisme triomphant, du syndrome Tintin, la figure du grand reporter qui va voir, s'implique peu et repart très vite.

«J'ai une relation plus sauvage à la réalité et à sa représentation photographique. Le "bon photographe" en quête d'excellence et de prouesses m'ennuie.»

Derry, Irlande du Nord, 1971.

Quelle photographie vouliez-vous opposer?

C'était une attitude, plutôt. J'ai eu dès le début une relation plus sauvage à la réalité et à sa représentation photographique. Plus libre. Plus lente aussi. Le «bon photographe» en quête d'excellence et de prouesses m'ennuie.

D'où vient cette posture d'outsider? De vos études?

Surtout de la réalité et du «monde du travail». J'ai étudié un moment à Sciences-Po et aussi la philosophie à Vincennes, et j'ai été dégoûté par un travers particulièrement français, celui du «balancement circonstancié». Par exemple, on ne pouvait dire que les Palestiniens avaient beaucoup souffert sans ajouter que les Israéliens aussi. C'est la posture parfaite pour justifier l'immobilisme, comme on a pu le vérifier, par la suite, durant la guerre des Balkans, et encore plus pendant le génocide au Rwanda, périodes pendant lesquelles l'automatisme d'un langage souverain nous a autorisés à fermer les yeux jusqu'à ce qu'il soit trop tard, jusqu'au moment ou les squelettes étaient blanchis, les cadavres entrelacés, enterrés. Cette approche académique ne crée pas une ligne morale.

La ligne morale, je pensais la trouver, dans les années 1960 et 1970, en militant à l'extrême gauche. J'ai été envoyé à l'usine Renault de Flins, en région parisienne, pour «appuyer» les ouvriers. C'était assez loufoque, j'étais au cœur d'une sorte de folie militante, j'ai vu Jean-Luc Godard apporter des caméras aux «travailleurs»... Un jour, on a voulu imposer de Paris une grève pour s'opposer aux cadences intensives, mais les ouvriers n'étaient pas chauds. Il y en a un qui m'a posé une question: «*Comment se passera l'organisation de la productivité après le capitalisme?*» Répondre était au-delà de mes compétences. Je suis rentré à Paris, j'ai demandé aux «dirigeants» d'aller à l'usine pour chercher à définir un discours militant plus réaliste que la logorrhée de mes camarades sur les masses victorieuses. En vain. Je me suis retrouvé isolé.

La photographie était l'issue?

J'avais un besoin existentiel de trouver un outil qui me permette de réduire le décalage vertigineux entre les mots et la réalité. Un outil pour sortir du langage comme machine. A cette époque, la photographie permet de rester d'un côté, celui de la réalité, ce qui préserve de la folie et de l'asile. Elle intervient entre le moment où je perçois un fragment de réalité et le moment où je colle des mots dessus – entre l'idée et le langage en somme. C'est un espace sans contrôle, car les images produites résultent de plusieurs auteurs: le photographe bien sûr, l'appareil, la réalité qui parle, le lecteur qui fait le travail de regarder. C'est un espace très ouvert, libre.

Belfast, côté loyaliste, Irlande du Nord, 1974.

Et la photographie, plus elle est ouverte, mieux elle fonctionne, mieux elle est capable de répondre à des questions auxquelles je n'avais même pas pensé.
Cette fracture entre la réalité et le langage me poursuit. Par exemple, j'ai présenté au Musée d'art moderne de New York une installation sur le Rwanda, dans laquelle j'ai confronté mes images de corps torturés et des textes de juristes de l'ONU qui passaient leur temps à se demander s'il s'agissait d'un génocide ou pas – encore une fois, la meilleure façon de ne pas agir.

Comment cette réflexion sur la réalité et le langage s'est-elle nourrie ?

Quand j'ai commencé, je ne connaissais rien à la photographie, je ne suis pas allé dans des écoles. J'ai juste été assistant chez le photographe de mode Frank Horvat pour apprendre des rudiments de technique, avant de faire mon chemin. En décembre 1970, je suis d'abord allé faire un projet sur les conséquences à long terme d'une grande grève des années 1961-1962 qui avait eu lieu dans les mines de charbon à Decazeville, dans l'Aveyron. J'ai voulu comprendre ce qu'était une défaite historique de la classe ouvrière, à l'opposé du discours victorieux que nous voulions imposer à l'usine Renault. Puis tout est allé très vite. Au printemps 1971, j'apporte une boîte d'images sur Decazeville à Magnum, Cartier-Bresson est enthousiaste et, quelques mois après, je suis pris à l'agence.

Dès le début, vous savez qu'il faut aller sur le terrain pour faire des images ?

Oui, j'ai la conviction qu'il faut aller voir. Je me rends en Iran, en Irlande, en Afghanistan, dans les Balkans pour découvrir et comprendre.
Je pars pour moi, jamais pour les autres. Quand je rentre du Rwanda, ou aujourd'hui d'Israël, je comprends autrement une situation généralement occultée par un brouillard de verbosité.
Je me suis aussi opposé à un certain post-modernisme américain qui a émergé après l'élection de Ronald Reagan à la présidence des Etats-Unis, en 1980. A cette époque, il n'était pas de bon ton de dire qu'on était « progressiste ». Des théoriciens américains ont très mal réinterprété le structuralisme français dans le but d'inventer un langage aussi obscur que possible. On ne pouvait pas représenter la réalité puisque le réel n'existe pas. La finalité de cette posture était clairement politique : nous absoudre d'aller voir. Encore une fois, parler pour ne rien faire ! Susan Sontag, pourtant sincèrement de gauche, a longtemps été louée par cette secte réactionnaire pour ses essais sur la photographie. Constatant qu'elle était dans une

impasse, elle a un peu fait machine arrière à la fin de sa vie, après son séjour à Sarajevo pendant la guerre; on peut le voir dans son texte sur les photos de torture dans les prisons d'Abou Ghraib, en Irak.

Aller voir, c'est reconnaître que le contenu d'une photographie est plus important que sa forme?
Oui et non. Le photographe américain Garry Winogrand disait que toute image est le résultat d'une bataille entre la forme et le contenu, et que le contenu doit l'emporter. C'est le contraire de la conviction de Cartier-Bresson, pour qui la forme est prépondérante. Je suis du côté de Winogrand, mais j'ajouterais: cette bataille doit être titanesque, entre un contenu très fort et une forme très forte. C'est la bataille qui compte.

Vous vous rendez sur les mêmes terrains que les photojournalistes et, en même temps, vous goûtez peu les images publiées dans la presse. Pourquoi?
J'aime côtoyer les journalistes sincères, les grands reporters sur le terrain, mais, fondamentalement, je ne fais pas confiance aux médias. Je lis des quotidiens, le *New York Times* ou *Le Monde*, et surtout je construis ma propre information à partir de dépêches d'agences et d'autres sources. En revanche, je ne regarde pas les magazines, où les questions de fond sont rarement abordées, et qui publient moins ce que les photographes voient que les images que les rédacteurs en chef ou le public ont envie de voir. Je ne crois pas au photojournalisme, qui requiert des images porteuses d'un seul sens, avec des légendes redondantes, afin de dire au lecteur ce qu'il faut penser. Par exemple: « Un enfant mourant de faim au Biafra dont les yeux sombres semblent nous dire: bla-bla-bla... » La presse a toujours été marquée par un effort totalitaire d'évacuer toute notion d'ambiguïté dans l'image, sa sauvagerie, sa contradiction avec le texte, tout ce qui pourrait laisser place au travail d'interprétation par le lecteur. Ce n'est pas très différent de la propagande. La réalité est toujours plus complexe que ce que l'on nous montre. Je pense souvent à une scène que j'ai vue au Liban: je suis face à un civil brûlé au phosphore dans une chambre d'hôpital, et, au même moment, je suis intrigué par un bruit qui vient de la fenêtre. Je penche la tête et je vois deux personnes, à quelques mètres, qui jouent au tennis. Je n'ai pas fait de photo sur le moment, j'ai juste constaté l'échec du photojournalisme à traduire cette complexité.

Les photos de la révolution iranienne, en 1979, qui figurent dans votre livre « Telex Persan », ne traduisent-elles pas cet échec?
Je pars en Iran avec l'intention de

Tabriz, Azerbaïdjan, 1979.

Tabriz, Azerbaïdjan, 1979.

casser avec tout : avec ma petite amie de l'époque – ce que je fais d'une cabine téléphonique, dans le hall d'un hôtel à Téhéran ; casser avec ce que vous appelez le photojournalisme ; casser le cadre ; casser dans ma façon de choisir un sujet ; casser, casser… J'étais dans une humeur de rupture. Ça m'a pris une matinée pour confirmer un sentiment : l'ambassade des Etats-Unis était envahie par les Gardiens de la révolution, mais c'était un piège visuel. Les Iraniens « donnaient a voir » aux médias américains ce qu'ils voulaient voir. Les présentateurs en blazer de CBS ou de NBC répétaient d'une manière religieuse que, derrière eux, « les foules iraniennes…bla-bla-bla… », alors que les foules en question ne levaient le poing et hurlaient des slogans qu'au rythme des travellings des caméras.
J'ai alors entrepris une sorte de dérive visuelle à travers l'Iran. Je savais que je faisais des photos impubliables parce que trop équivoques. Mon agence, Magnum, s'essoufflait à essayer de comprendre ma logique de prise de vues et à convaincre les magazines qu'il fallait publier. Moi, pendant ce temps, je collectionnais les « télex » bruts qui alimentaient l'apparence d'une débâcle – affligeante pour Magnum mais joyeuse pour moi. J'étais enfin libre. Ce que je voyais au bord et hors du cadre était plus important que se qui se passait au centre. Enfin un peu d'air !

Le webdocumentaire, qui associe sur Internet images, textes et sons afin de montrer plusieurs facettes d'une situation, est-il la solution ?
Internet, qui devait révolutionner la façon de montrer des images et de développer des formes narratives nouvelles, n'a pas entièrement tenu ses promesses. Le modèle qui domine sur la Toile est celui de la projection de diapositives comme dans les années 1950 : « Maurice Herzog revient de l'Annapurna, salle Pleyel, octobre 1950. » C'est d'une pauvreté absolue. Le webdocumentaire peut être une solution à condition qu'il soit conçu par un auteur et qu'il ne soit pas un produit-réponse à une commande du marché. L'autre problème est qu'il coûte cher, à partir du moment où on se donne les moyens de traiter une information dans toute sa profondeur.

Vous avez travaillé pour des magazines ?
Peu, et plus du tout depuis dix ans. On ne peut dénoncer un système économique et entrer dans son jeu. Et parfois, je me suis planté. Par exemple, le mensuel américain *National Geographic* m'a demandé de réaliser une biographie visuelle de Simon Bolivar, figure des révolutions sud-américaines au XIXe siècle, de capter son héritage dans l'Amérique latine actuelle. Je lui ai fourni un

document écrit de 60 pages pour que les choses soient claires, car je ne voulais pas réaliser un reportage nostalgique mais un travail en tension entre le passé et le présent du continent. Le magazine était d'accord. Je me suis dit : *« Génial, ils sont devenus marxistes… »* Je me suis rendu dans plusieurs pays pendant des mois, j'ai traîné en Colombie avec la guérilla. Mais une fois le travail terminé, j'ai dû constater que seul le passé, sans lien de causalité avec le présent, les intéressait et rien n'a été publié. Quelle naïveté de ma part… Cette mésaventure n'a pu que renforcer ma conviction : tout projet doit partir de l'intérieur de moi, de mes obsessions, et pas de l'extérieur. Tant de photographes font le contraire. Ils se demandent ce qu'ils doivent donner au monde. Le monde n'attend rien d'eux.

Etes-vous un artiste ?
Je me situe plutôt dans un no man's land entre art et journalisme, entre photographie et littérature, etc. C'est un espace qui m'est cher, car il est celui de l'imprévisible. Le monde de l'art est aussi prévisible que celui de la presse, dominé par deux voies principales en ce moment. Des artistes radicaux et politiques qui financent leurs projets au moyen de bourses et par l'enseignement, et des artistes du marché de l'art, représentés par des galeries, qui produisent des images aux fortes références picturales et fonctionnent sur la rareté. J'ai besoin de me construire un espace de découverte où le produit fini est imprévisible au début, le résultat final n'étant que l'amoncellement des petites pierres laissées par Tom Pouce pendant son parcours dans la forêt. C'est le trajet qui compte, plus que le « faire œuvre ». Préserver un espace de liberté, de radicalité qui me permet de noter, en usant de toute forme nécessaire, les structures, contradictions et répétitions du réel dans la mouvance infernale de l'Histoire. J'expose dans des musées, mais je pourrais aussi exposer sur des panneaux d'autoroute, dans la rue, etc. Ma dernière exposition est une installation à Barcelone, où j'ai fait flotter dans l'air des déroulés agrandis de pages de mon livre sur le Kosovo.
J'ai survécu en prenant l'argent où il était, avec indifférence, pour réaliser mes projets. J'ai parfois pris en pirate le fric des journaux, comme me l'a conseillé Cartier-Bresson. J'ai obtenu des bourses et des prix (Guggenheim, etc.). J'ai enseigné pendant sept ans, à mi-temps, au département des droits de l'homme de l'université de Berkeley (San Francisco) et maintenant au Bard College (Etat de New York) où, en plus des droits de l'homme, j'enseigne dans le département de photographie. Je n'ai pas de galerie, mes images entrent néanmoins dans les musées.

« Je me situe dans un no man's land entre art et journalisme, entre photographie et littérature. Un espace qui m'est cher car il est imprévisible. »

En ce moment, le marchand new-yorkais Peter McGill achète mes œuvres pour en faire don au Musée d'art moderne de New York.
Je dois avoir 700 pièces dans les musées américains, une dizaine à peine en France, où je ne suis pas connu.

En quarante ans, on retient vos sujets sur l'Irlande du Nord, l'Iran, la Bosnie, l'Afghanistan, le Rwanda, le 11-Septembre à New York. C'est peu, non ?
Je publie peu, au rythme dicté par mes livres. La façon dont je travaille sur le terrain est lente par essence. Ça me prend énormément de temps d'être là où je suis, et ce temps n'est pas journalistique.
C'est un temps, disons, anthropologique : voir, revoir, revenir sur les mêmes lieux, repérer, comparer, comprendre les structures, expérimenter, douter puis laisser s'imposer des partis pris.

Vous êtes allés pendant près de vingt ans en Irlande du Nord. La première fois en 1971, la dernière à la fin des années 1980. Ce projet n'a pratiquement jamais été publié. Pourquoi ?
Ce projet est une folie. Je me suis rendu sur les lieux tant de fois… J'ai appliqué la méthode du doute actif. C'est un point de vue relativement distancié, non sur les seuls catholiques mais sur les Irlandais. Un conflit aussi long devient ritualisé, il touche à la mémoire et à la construction du temps. C'est encore une fois anthropologique et antijournalistique. C'est une boucle de l'Histoire qui avale des vies. C'est vrai que ce travail a été peu montré – il l'a été dans quelques journaux comme le *New York Times* ou le *Sunday Times Magazine* au tout début du conflit, la revue *Aperture*, quelques fragments dans une exposition à l'Art Institute de Chicago. Au début des années 1990, j'ai conçu une maquette de livre de 650 pages découpé en 24 jours fictifs. Je ne l'ai pas publié, pour des raisons personnelles. J'ai récemment réédité toutes mes images, pour un livre qui conservera dans son intégralité la structure et l'approche du projet initial.

Quel lien faites-vous entre deux sujets ?
En Irlande du Nord, en Bosnie, au Rwanda, c'est toujours la même question qui est posée : comment arrivons-nous à reconstruire l'autre comme différent, tellement différent qu'il nous est intolérable et que nous ne pouvons éviter d'imaginer un monde sans lui ? Cette imagination ne laisse que deux issues : le départ ou l'extermination de l'autre. A travers ce moment, je cherche à comprendre la relation complexe et malsaine entre la nature humaine et les structures de l'Histoire. Je pars d'une constatation : dans les guerres, jusqu'au début du

« Je cherche à comprendre la relation complexe et malsaine entre la nature humaine et les structures de l'Histoire »

Nyarubuye, Rwanda.

XXe siècle, 90 % des victimes sont des militaires ; dans les conflits de la fin du XXe siècle où je me suis rendu, 90 % des victimes sont des civils. Le pivot, c'est Guernica en 1937, durant la Guerre d'Espagne, où la population est clairement devenue la cible.

Votre livre sur la Bosnie, en 1994, surprend par des images très dures et par sa maquette répétitive, avec quatre images d'égale dimension assemblées en doubles pages. Pourquoi ce parti pris ?

C'est ma réponse à la position morale de l'Europe, de la France mitterrandienne en particulier, lors du conflit des Balkans, qui était une sorte d'indifférence à ce que faisait subir la Serbie aux populations croate et bosniaque. Ça me semblait faux de bâtir une œuvre fondée sur l'excellence à propos de cette histoire embourbée. En même temps, je suis allergique au militantisme et à la propagande, je n'ai rien à démontrer, tout à comprendre. Ce livre, *Farewell to Bosnia*, est un outil pour faire éclater les préconçus, les miens et ceux des autres. C'est mon livre qui semble le moins édité, le moins photographique, mais qui est gouverné par un parti pris cru. Le choix des images était automatique, rapide, avec des défauts assumés. Les photographies sont comme des tirages de travail « jetés » dans une photocopieuse. La mise en page n'était que la transcription scrupuleuse de ce processus.

Pourquoi avez-vous accentué ce parti pris dans votre livre sur le Rwanda, en 1995, au point que les images d'atrocités ressemblent à des documents de médecins légistes ?

Après avoir fait mon deuxième livre sur la Bosnie (*Les Tombes*), qui examine les charniers de Srebrenica et de Vukovar, je voulais approfondir la relation entre forme et contenu sur le mode médico-légal pour approcher une brutalité significative. C'était aussi ma façon de réfléchir au débat sur la possibilité de justice. Le Tribunal pénal international, pour le Rwanda comme pour la Bosnie, a versé mes livres et images au dossier. Par la suite, à la fin des années 1990, cette photographie sur le mode médico-légal a été reprise par beaucoup de photographes, elle est devenue un enjeu théorique à l'université, dans des colloques. Le marché de l'art s'est même emparé de cette forme. Alors que moi, je suis passé à autre chose.

Pourquoi votre esthétique fait-elle le grand écart entre des images simples et d'autres complexes ?

Je ne peux imposer « mon truc » partout. Je change ma façon de cadrer en fonction du contexte géographique et politique. Je peux m'approcher, prendre de la distance, opter pour un cadrage dépouillé ou extrêmement

Pilica, près de Srebrenica, Bosnie-Herzégovine, 1996.

complexe. Si j'étais « décisif », je pourrais trouver la forme avant de partir, mais je ne le suis pas. Et même sur place, je n'arrive pas à installer immédiatement mon cadre. Parfois, ce sont les lignes verticales qui guident le cadrage de façon classique, mais ensuite d'autres logiques émergent et je fais autre chose. Certains sujets sont si puissants, comme au Rwanda, que je peux donner l'apparence de ne pas cadrer. Parfois, je revendique une complexité, en multipliant les éléments dissonants dans le cadre. En Irlande du Nord, j'ai expérimenté dix réponses différentes – natures mortes, paysages, instantanés, portraits, plans panoramiques... L'image n'est donc que le résultat d'un long processus, qui va de la perception à la représentation. A Jérusalem-Est, où je travaille actuellement, j'ai d'abord réalisé des « croquis » avec un appareil numérique, et puis, quand je pensais que la forme était aboutie, je réalisais l'image avec un appareil argentique.

Pourquoi ne pas photographier uniquement en numérique?
Le numérique reproduit mal ce qui se passe entre l'ombre et la lumière – toutes ces nuances que l'on peut capter en fonction de l'ouverture du diaphragme avec un appareil traditionnel. Et puis, l'image numérique est très plate à la sortie de l'appareil alors que le film argentique donne de l'éclat et de la profondeur. J'ai réussi, après de longs essais, à restituer cet éclat dans une vue numérique, mais le résultat n'est pas encore totalement abouti. Je regarde beaucoup de tableaux pour comprendre comment des peintres ont résolu cette question de l'écart entre la perception et la représentation, comment certains, au-delà du motif, arrivent à restituer un moment cru de vie.

En 2001, vous êtes à l'initiative de « Here's New York » : la présentation, dans un espace de Manhattan, de milliers d'images que les amateurs comme les professionnels ont prises des attentats du 11 septembre 2001. Comment est né ce projet qui fut un succès planétaire?
Le matin des attentats, je me trouve dans le quartier de Wall Street, celui des tours. Les jours suivants, j'appelle des amis pour savoir s'ils sont en vie, et puis je prends encore des photos. Michael Shulan m'informe alors que les attentats remettent en cause un projet immobilier dans un espace qu'il possède à Manhattan. Je lui dis qu'il a une opportunité fantastique : scanner et exposer les images de tout le monde, amateurs et professionnels sans distinction. Pour démarrer, je vends dix de mes tirages au rabais (15 000 dollars l'ensemble) à un collectionneur. Des étudiants nous aident, on reçoit le soutien d'Epson, et c'est parti...

On a exposé plus de 10 000 photos. Un million de personnes ont vu l'exposition à New York et dans vingt villes de par le monde. Mais comme souvent, nous avons été dépassés par le succès, c'était devenu de la folie furieuse, on a perdu le cap moral. Un projet novateur lié à la mémoire et à l'Histoire est devenu une affaire commerciale à cause de questions de pouvoir et du fric en jeu. Plus de 30 000 dollars de tirages vendus par jour à 25 dollars pièce... Une grosse partie de l'argent a été reversée à une association de victimes, mais j'avais une obsession, en finir avec ce projet au plus vite, alors que les autres voulaient prolonger toujours plus le succès. Je suis parti en Afghanistan au moment de l'intervention américaine et, à mon retour, j'ai édité sur le 11-Septembre, en deux semaines, un livre de 860 pages, qui a été vendu à 150 000 exemplaires. Je comprends qu'on puisse ne garder de cette histoire que l'émotion des débuts, et les dérives financières de la fin, mais il n'y a pas que ça...

Vous préférez retenir de ce travail le fait que c'est un moment historique pour la photographie, celui de l'irruption massive de l'image d'amateur dans le champ de l'information?
Oui, c'est bien plus intéressant. Le sous-titre du projet est « A Democracy of Photographs ». Une démocratie d'images. Je l'ai trouvé naturellement car ce projet s'insère dans une réflexion que j'ai dans la tête depuis longtemps : celle du « journalisme citoyen ». Avec « Here's New York », nous avons ouvert une brèche mais sans pouvoir aller au bout. La démocratie des images était réelle dans l'exposition, mais elle s'est arrêtée au moment de la conception du livre. J'ai choisi les photographies seul à partir de dizaines de milliers. J'ai créé des catégories, des structures, une lecture. Il reste un pas à faire : la création non seulement d'une « démocratie d'images » mais aussi d'une « démocratie par l'image », inventer un outil informatique intelligent qui permette aux citoyens, sur un sujet important, de lire des images produites par des citoyens sans intermédiaire.

Quelle est la question que vous vous posez en ce moment?
Je travaille depuis plusieurs mois dans le quartier des Palestiniens de Jérusalem-Est, qui est aussi leur dernier accès à la Vieille ville. C'est un terrain de batailles entre Palestiniens et colons israéliens. Comme partout où je suis allé, l'écart est énorme entre ce que je vois et ce que je sais . C'est une question que je mûris depuis plusieurs voyages, notamment depuis la deuxième Intifada, en 2000. Et une fois de plus, je me demande comment je vais rendre compte de l'écart entre le visible et l'invisible •

Srebrenica, Bosnie-Herzégovine, 1996.

POUR EN SAVOIR PLUS

L'agence Magnum

Agence coopérative franco-américaine, Magnum est créée en 1947 par cinq photographes, des as de l'époque : Robert Capa, Henri Cartier-Bresson, William Vandivert, George Rodger et David Seymour. Pour la première fois, des photographes sont les propriétaires de leur outil de travail. Appliquant l'adage selon lequel « à plusieurs, on est plus forts», Magnum a plusieurs missions : protéger les photographes des pressions de la presse ; vendre les reportages à des journaux en respectant au mieux le choix et le droit des auteurs ; organiser les archives pour les diffuser efficacement ; constituer un forum où se retrouvent des créateurs. Les photographes optent pour des sujets de fond et de société, décalés de l'actualité. Ils sont plus proches de la vie des peuples que de celle des possédants. Un style Magnum s'impose, en noir et blanc, hérité de la composition géométrique de Cartier-Bresson. Enrichie par des figures réputées – Werner Bischof, René Burri, Raymond Depardon ou Josef Koudelka –, Magnum fait autorité dans le monde entier. A partir des années 1990, des photographes qui pratiquent la couleur, comme Martin Parr, Alex Majoli ou Mikhael Subotzky, modernisent son image. Aujourd'hui, 82 photographes aux statuts divers sont diffusés par Magnum, qui possède des bureaux à New York, Paris, Londres et Tokyo. Victime comme les autres de la crise de la presse, l'agence se diversifie dans la communication en misant sur sa marque.

HENRI CARTIER-BRESSON / MAGNUM PHOTOS

David Seymour et Robert Capa, deux des fondateurs de Magnum, en 1952 à Paris, par Henri Cartier-Bresson.

Le conflit de l'Irlande du Nord

La partie Nord de l'île d'Irlande est l'une des quatre composantes du Royaume-Uni, avec Belfast pour capitale. Ce territoire a connu une période de violences sanglantes, d'actes terroristes et d'agitation politique, de la fin des années 1960 jusqu'au début des années 2000. La minorité catholique, s'estimant brimée dans ses droits (accès aux listes électorales, au logement, à l'emploi, etc.), demande son rattachement à l'Etat irlandais, tandis que la majorité protestante veut rester dans le giron britannique. Des manifestations, durement réprimées, plongent l'Irlande du Nord dans un climat proche de la guerre civile, notamment lors du « Bloody Sunday », le 30 janvier 1972, jour où quatorze républicains catholiques sont tués. La clandestine Armée républicaine irlandaise (IRA), qui entend protéger la minorité catholique, notamment à travers des actions violentes, trouve face à elle l'armée et la police britanniques mais aussi des milices protestantes comme l'Ulster Volunteer Force. En 1981, dix combattants et militants républicains meurent des suites d'une grève de la faim. Parmi eux, Bobby Sands, élu député en prison, dont les funérailles sont suivies par 100 000 personnes. Le 10

GILLES PERESS / MAGNUM PHOTOS

Jeunes filles catholiques en Irlande du Nord, en 1997.

avril 1998, l'Accord du Vendredi Saint met fin au conflit. Le gouvernement britannique établit en Irlande du Nord un gouvernement associant unionistes et nationalistes. Le conflit aura causé plus de 3400 morts de 1969 à 1998.

La guerre de Bosnie

La guerre de Bosnie (1992-1995) commence après le référendum du 19 février 1992 : la population bosniaque et croate de ce territoire proclame son indépendance, provoquant sa séparation de la République de Serbie. Le nouveau pays, dont le premier président est Alija Izetbegovic, est reconnu par l'Union européenne, les Etats-Unis et l'ONU. Mais un tiers de la population – les Serbes de Bosnie – boycotte le référendum. Les milices serbes encerclent Sarajevo, capitale du nouvel Etat. L'armée yougoslave et ses milices assaillent des villes de Bosnie, tuent, violent, opèrent un nettoyage ethnique, et prennent le contrôle de 70 % du pays en 1993. La guerre civile se généralise, les milices de chaque camp massacrant des civils, malgré les efforts diplomatiques et l'envoi de 38 000 militaires par l'ONU. Le massacre le plus connu est celui de Srebrenica, en juillet 1995. Les populations croato-bosniaques obtiennent alors de la communauté internationale une aide logistique accrue, qui leur permet de reprendre une bonne partie de leur territoire.
A la fin de 1995 sont signés aux Etats-Unis les accords de Dayton, qui partagent la Bosnie en deux entités : la Fédération de Bosnie et Herzégovine (51% du territoire et 75% de la population) et la République serbe de Bosnie (49% du territoire et 25 % de la population, plus les réfugiés serbes de Croatie). Cette guerre aurait coûté la vie à 100 000 personnes environ, dont la moitié de civils.

Le génocide au Rwanda

Le génocide des Tutsis du Rwanda, pays d'Afrique de 11 millions d'habitants, a causé la mort de 800 000 personnes en trois mois à peine, du 6 avril au 4 juillet 1994, lors d'une guerre civile qui a vu s'affronter les forces du gouvernement en place, issues de la population hutue, et le Front patriotique rwandais (FPR), constitué de Tutsis. Le 6 avril 1994, le président rwandais, le Hutu Juvénal Habyarimana, trouve la mort alors que son avion est abattu avant d'atterrir à l'aéroport de Kigali. Dès le lendemain, la garde présidentielle et les milices hutues commencent à massacrer à la machette la population tutsie ainsi que des Hutus modérés. En juillet, le pouvoir en place perd la guerre contre le FPR de Paul Kagamé,

GILLES PERESS / MAGNUM PHOTOS

New York, 11 septembre 2001.

mais a atteint son objectif : exterminer le plus grand nombre de Tutsis. Le Tribunal pénal international pour le Rwanda est mis en place en novembre 1994 à Arusha (Tanzanie), procédant à plusieurs condamnations. Ce génocide est le plus rapide de l'Histoire, celui qui a vu mourir le plus grand nombre de personnes par jour. La France, qui a des soldats sur place lors du génocide, est progressivement mise en cause. Le 5 août 2008, un rapport rwandais accuse la France d'avoir « *participé* » au massacre des Tutsis.

Tous reporters

L'histoire du photojournalisme est ponctuée par des images prises par des amateurs, badauds, touristes, notamment lors de catastrophes naturelles, d'accidents dramatiques, voire d'attentats. L'exemple le plus célèbre est celui d'un tailleur de Dallas (Texas), Abraham Zapruder, qui filme l'assassinat du président John Kennedy le 22 novembre 1963. Lors de l'attentat contre le pape Jean Paul II, à Rome en 1981, un des vingt mille fidèles réunis place Saint-Pierre capte, sans le savoir, le pistolet brandi en direction du souverain pontife – l'image a fait le tour du monde.
Les attentats du 11 septembre 2001, à New York, marquent un tournant dans ce phénomène.
Pour la première fois, des centaines, voire des milliers de personnes filment et surtout photographient les tours effondrées, les survivants, la ville bouleversée. Ces images d'amateurs sont diffusées à la télévision, publiées dans la presse ou des livres, exposées dans des musées. Leur coût – faible, voire nul – incite les médias à rechercher des photos qui, c'est nouveau, sont parfois jugées aussi bonnes ou plus « crédibles » que celles de professionnels, en raison de leur fraîcheur. Depuis, le phénomène s'est généralisé. On a pu s'en rendre compte lors du tsunami en Asie, en décembre 2004.

R I E N

Q U E

P O U R

L E U R S

Y E U X

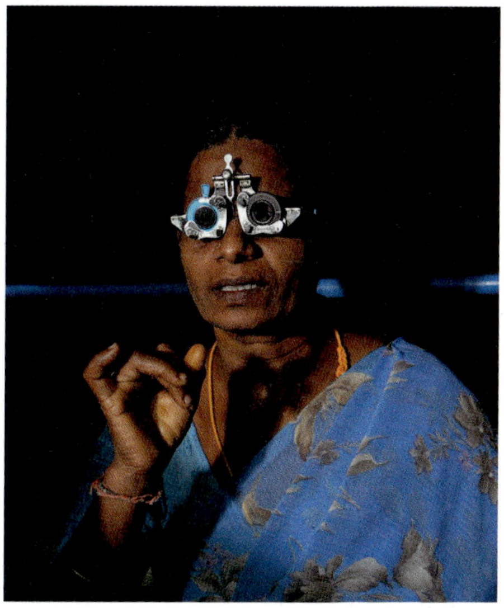

Au sud de l'Inde,
dans l'Etat du Tamil Nadu,
un réseau d'hôpitaux
rend la vue aux paysans
exclus de tout système de soins.
Aravind, créé par un chirurgien
ophtalmologue aujourd'hui décédé,
pratique chaque année
plus de 300 000 opérations
des yeux. **Jacques Vekemans**
a cherché à comprendre
son fonctionnement.

Les « sisters » accueillent les villageois. *L'équipe médicale est arrivée à l'aube, en car, dans le district de Villapuram. A bord, deux médecins et huit infirmières, les « sisters », des jeunes filles recrutées dans les villages et formées pour faire passer les tests de vue.*

Les volontaires font la queue. *La visite médicale a été préparée de longue date par des responsables associatifs locaux, l'école a été réquisitionnée. Plus de 200 personnes, enregistrées au préalable, viennent de la campagne alentour pour se faire examiner les yeux.*

Les tests vont commencer. *Les analphabètes utilisent leurs doigts pour exprimer ce qu'ils voient. Le « E », c'est trois doigts à l'horizontale, le « W », trois doigts à la verticale, vers le haut.*

Rien que pour leurs yeux

***Les corps sont usés.** Les villageois passent leurs journées dans les champs, les yeux jamais protégés, alors que dans les rizières le soleil se reflète sur l'eau ; 80 % de ceux qui ont perdu la vue pourront la retrouver s'ils sont opérés.*

***La visite est ouverte à tous.** Les tests sont gratuits. Pour les soins – lunettes, opération –, chacun paie en fonction de ses moyens.*

Le réseau d'hôpitaux a été mis en place par « Docteur V ». *Govindappa Venkataswamy, « Docteur V » (prononcez Vi), avait 57 ans lorsqu'il a créé Aravind, en 1976, inspiré par le philosophe Sri Aurobindo. Chirurgien ophtalmologue, il s'est mis en tête d'offrir la meilleure médecine de l'œil possible au plus grand nombre. Il est décédé en 2006.*

Deux médecins établissent le diagnostic.
Chaque hôpital du réseau organise au moins une mission par jour dans un village. Les médecins y vont à tour de rôle pour identifier ceux qui ont besoin de porter des lunettes ou d'être opérés.

Les lunettes sont fabriquées sur place le jour même. *L'équipe médicale vient avec des verres et six modèles de montures. Les villageois peuvent aussi se rendre chez un opticien affilié au système.*

Le patient paie… ou pas. *Paire de lunettes sur le nez, le villageois dit s'il en veut ou non. S'il est intéressé, il règle tout de suite, plus tard ou… jamais, il est le seul juge.*

Le départ vers l'hôpital a lieu sur-le-champ. *Les médecins ont identifié une trentaine de personnes qui doivent se faire opérer, de la cataracte pour la plupart. Le jour même, elles prennent le car avec l'équipe médicale qui retourne à l'hôpital.*

Rien que pour leurs yeux

Le réseau compte cinq hôpitaux dans le Tamil Nadu. *Chaque établissement est un campus spécialisé en soins ophtalmologiques, avec un bâtiment pour l'hébergement des « sisters », un autre pour les visiteurs, un troisième pour les médecins. Quand le premier hôpital, celui de Madurai, a été construit, les moyens n'étaient pas suffisants pour installer un ascenseur. Une rampe en pente douce permet aux mal-voyants et aux personnes âgées l'accès aux étages.*

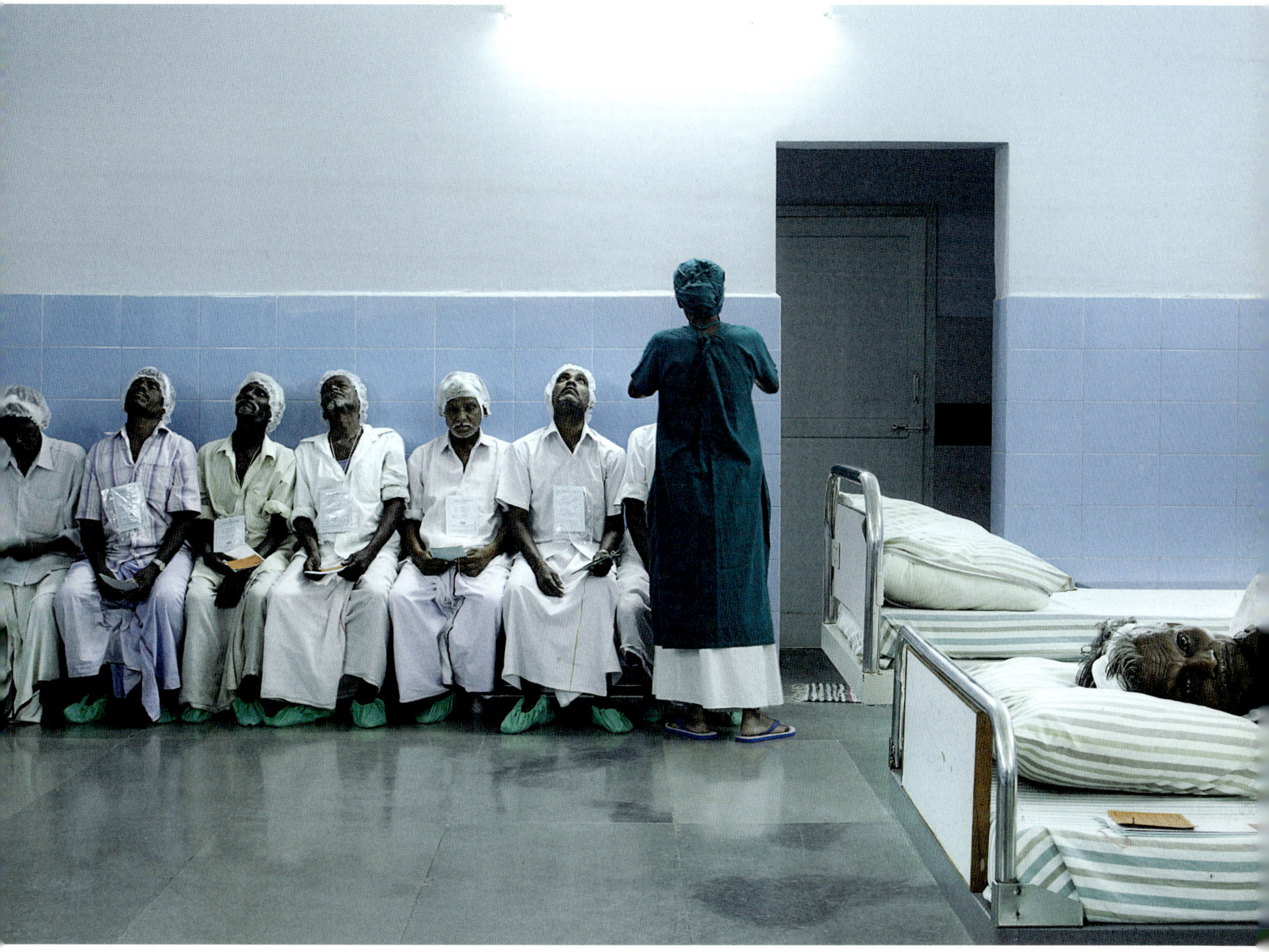

Les patients, rassemblés à l'aube, reçoivent les soins préopératoires. *C'est la première fois qu'ils mettent les pieds dans un hôpital. Celui-ci, le plus récent, est somptueux. Construit en 2003 à Pondichéry, il est entouré d'une ceinture de jardins, chaque bâtiment a son patio et de grands espaces d'accueil.*

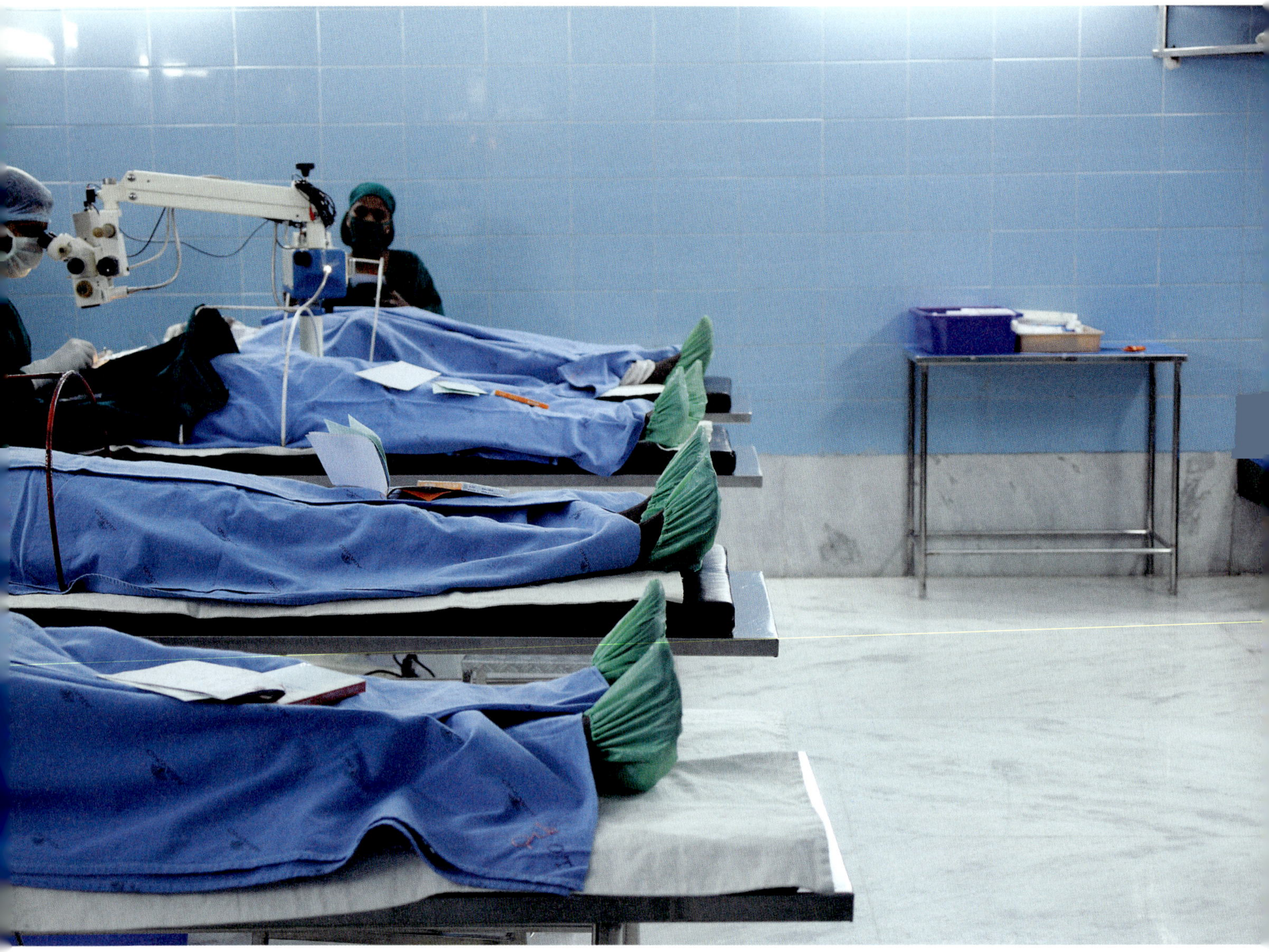

Les médecins opèrent à la chaîne. *L'hôpital compte huit salles d'opération comme celle-ci. Une opération dure huit à quinze minutes. Des bataillons de jeunes médecins, entourés de professionnels confirmés, réalisent en moyenne dix fois plus d'opérations que leurs collègues indiens.*

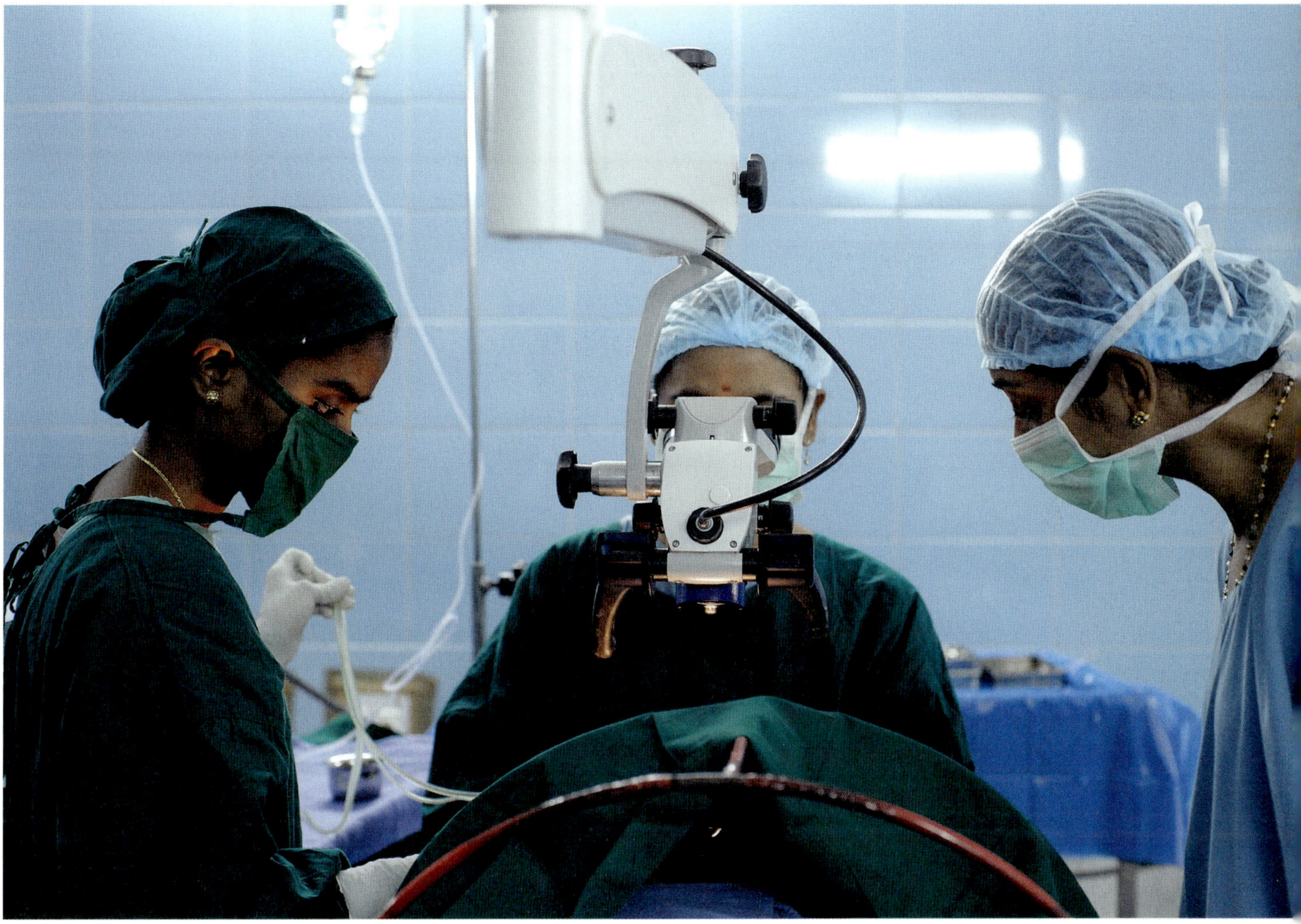

Trois femmes interviennent. *Une image étonnante, dans un pays où les femmes n'ont pas le même accès que les hommes aux études supérieures. Le plus grand silence règne au bloc, chacun sait ce qu'il a à faire.*

Les villageois sont hébergés dans un dortoir. *Hommes et femmes dorment dans la même salle, sur des nattes. Au lendemain de l'opération, ils passent un test.*

Rien que pour leurs yeux

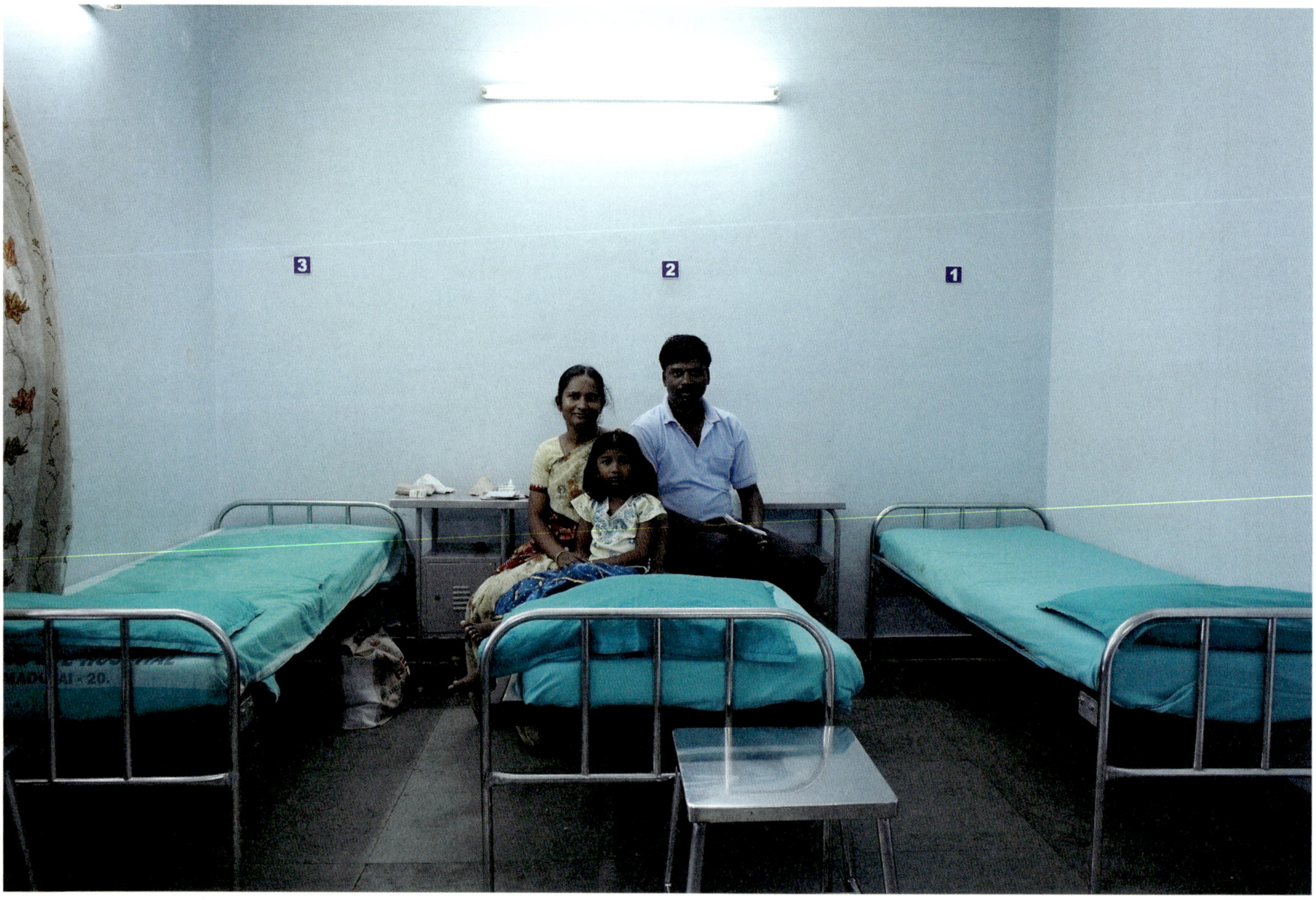

Les patients paient en fonction de leurs moyens. *Il existe six catégories d'hébergement, du dortoir (pour les villageois qui se font opérer gratuitement) à la suite (dont le surcoût finance les opérations non payantes). Les classes moyennes ont leur propre standard. L'opération d'un patient en chambre payante permet de financer deux opérations non payantes.*

Il existe des chambres de luxe. *La qualité des soins est la même pour tous, mais l'hébergement diffère. Cette chambre est une véritable suite, constituée de deux pièces, avec des rideaux, du marbre au sol, un petit réfrigérateur et un téléviseur. La patiente qui l'occupe, Alli Indirani (ici avec son mari), est femme au foyer. Son fils, ingénieur, lui a offert le séjour en chambre de luxe.*

Les deux derniers étages sont vides. *Ils ne sont pas encore en fonction, plusieurs années après la construction de l'hôpital. La croissance a été anticipée, les bâtiments sont surdimensionnés.*

Le dortoir des infirmières. *Les « sisters » dorment à même le sol. Agées de 16 à 22 ans, elles sont formées en six mois au siège d'Aravind, à Madurai. Elles vivent à l'hôpital et s'y consacrent totalement. Elles ne peuvent rendre visite à leur famille qu'une ou deux fois par an.*

Revalthy Aruppukottai est « sister ».
Fille de paysans, elle vit à l'hôpital depuis un an et demi. Elle n'aurait sans doute pas fait d'études supérieures si elle n'avait pas été recrutée par Aravind. Tous ses biens tiennent dans ce placard.

Krishnamoorthy, *75 ans, paysan.*

Ramanan, *60 ans, paysan.*

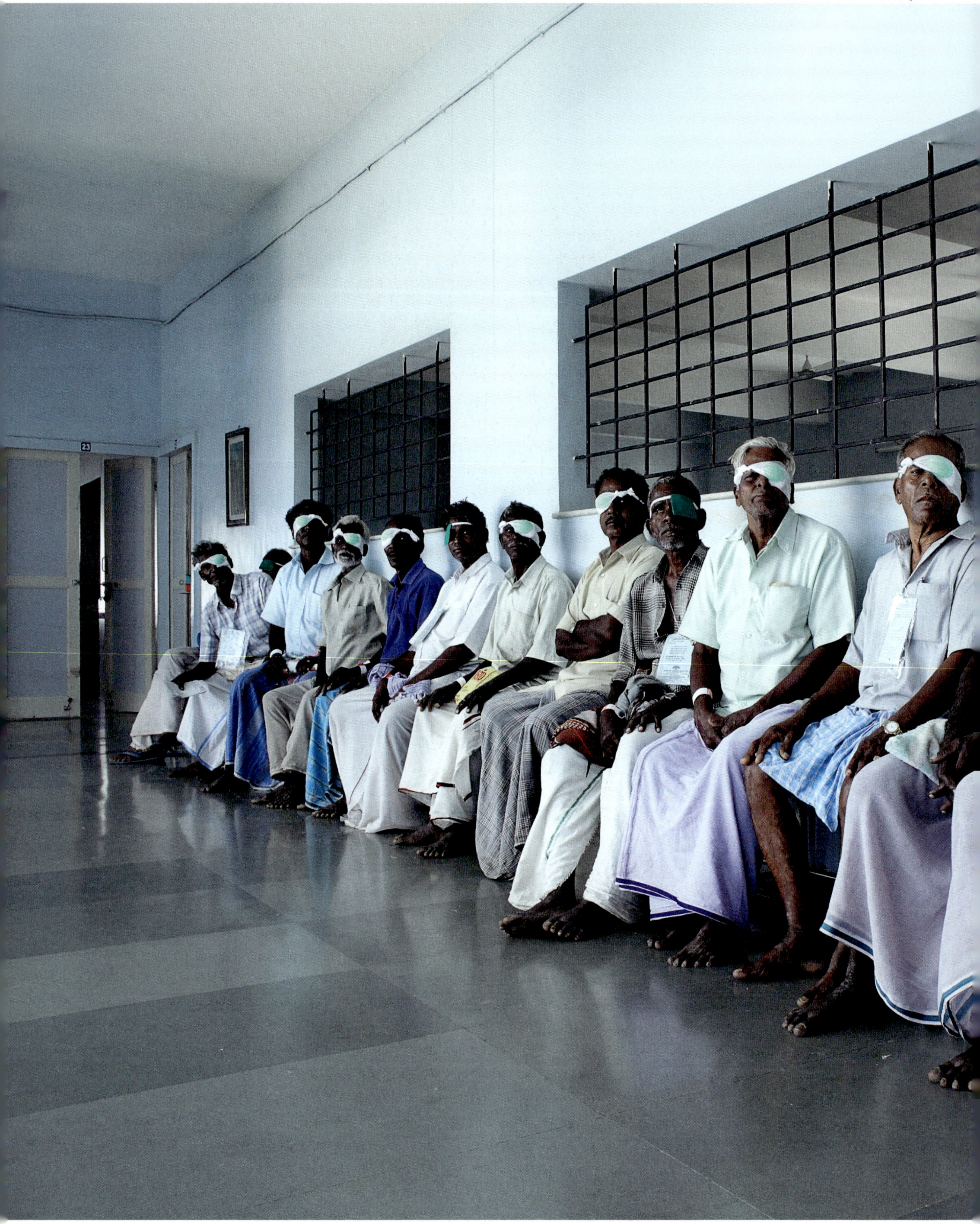

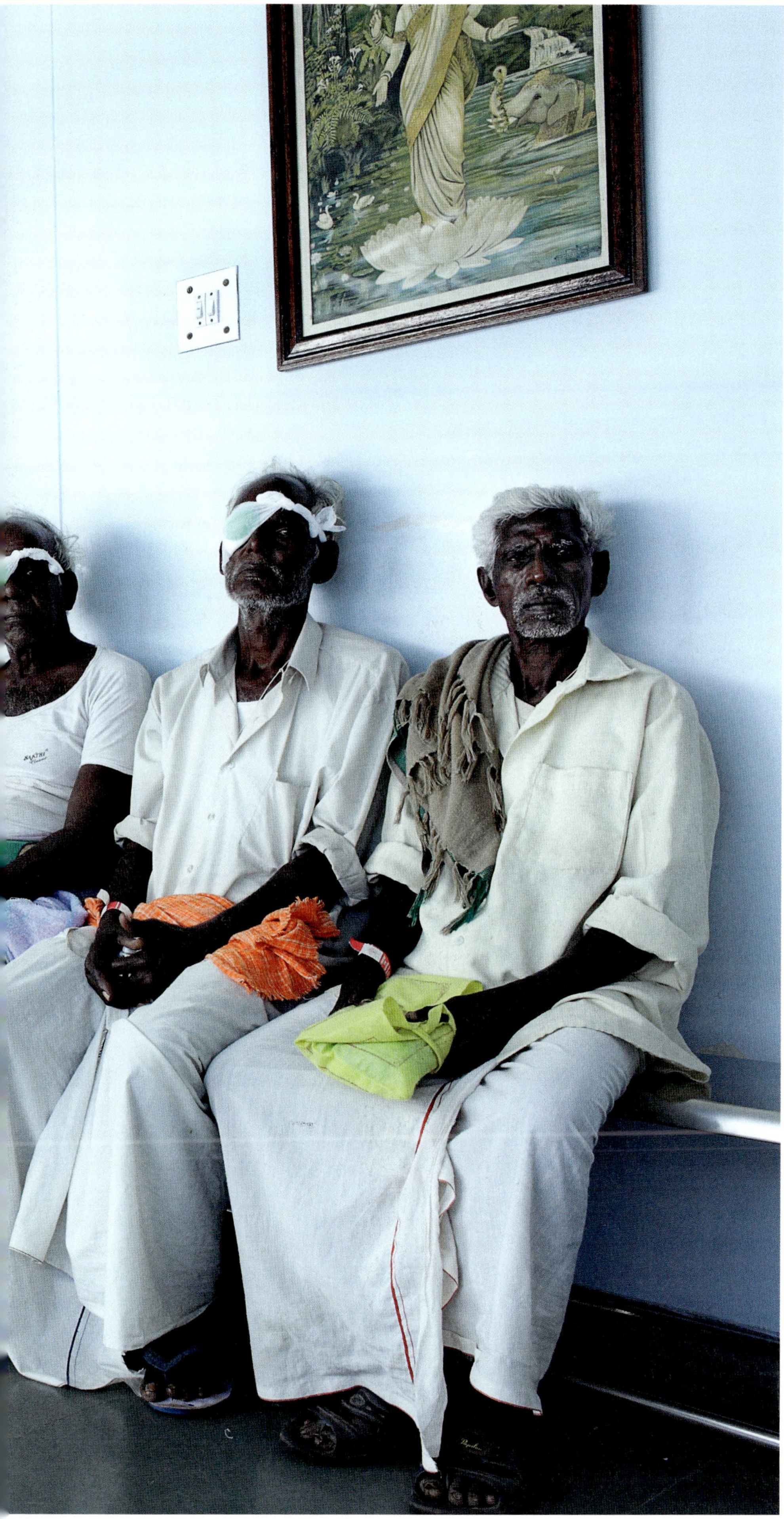

Les villageois de Villapuram attendent la dernière visite médicale.

Quarante-huit heures après avoir quitté le village, *les patients repartent avec leur baluchon en toile de jute et un œil comme neuf. Certains reviendront pour faire opérer le deuxième.*

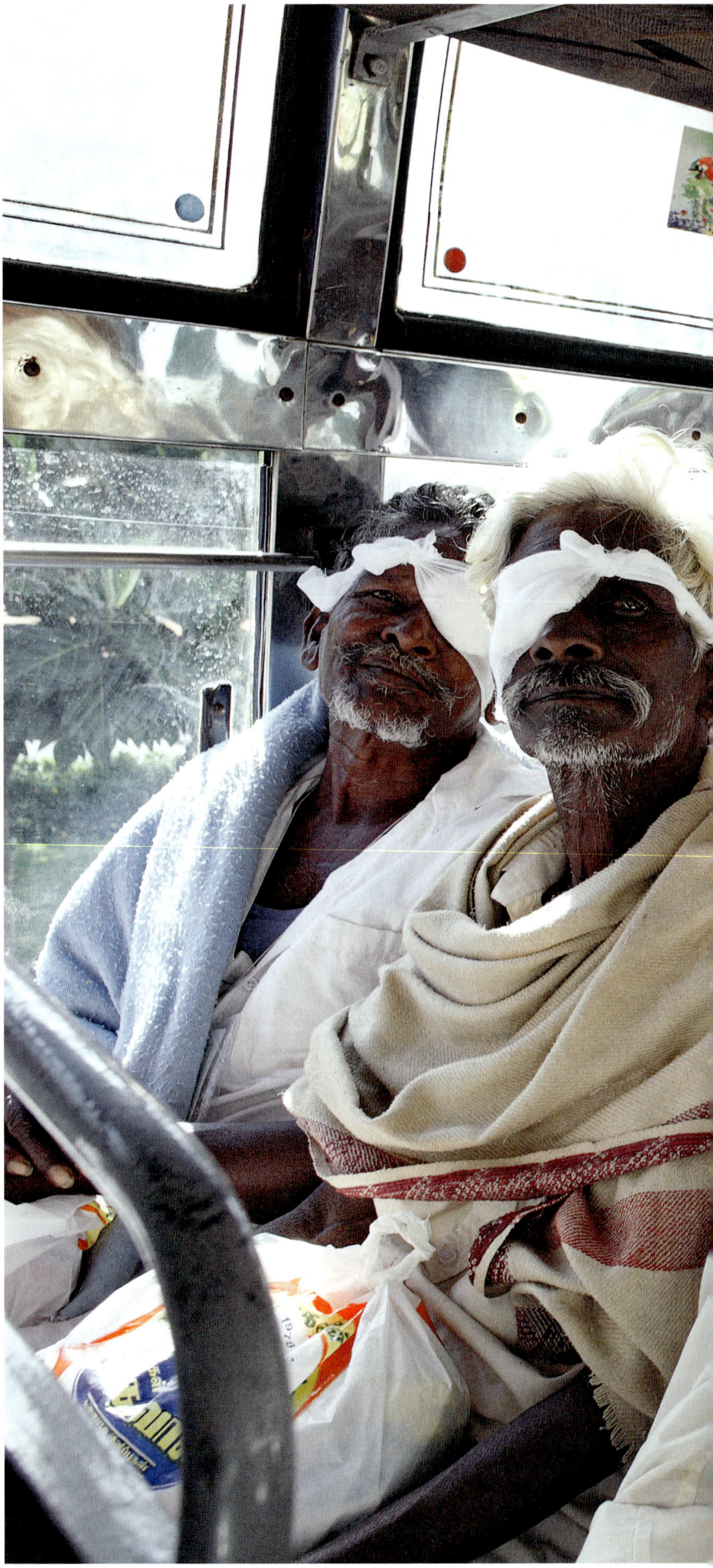

திருமண தாம்பூலம்
21-09-2008

« CE SAVOIR-FAIRE ME FASCINE »

Le géographe **Bertrand Lefebvre** *a vécu cinq ans en Inde, où il étudiait le système de santé. Selon lui, l'expérience d'Aravind est cruciale : elle rétablit la capacité de travail d'une population rurale et pauvre qui ne peut accéder aux soins.*

6Mois Ces photos sont-elles représentatives du système hospitalier indien ?
Bien sûr, c'est tout à fait typique. Regardez celles de la première consultation : une table, une chaise, une caisse qu'on trimballe d'un endroit à l'autre… Et autour de ce maigre décorum, la foule. C'est ce qui est le plus surprenant en Inde : on n'est jamais seul face à son médecin. La famille et les amis apprennent le diagnostic en même temps que le patient, et ils l'accompagnent tout au long du parcours de soins. Dans les hôpitaux, cela donne des scènes très cocasses, avec des familles endormies dans les couloirs, ou des salles carrément transformées en cantine.

Qu'est-ce qui fait la particularité d'Aravind ?
Tout tient dans l'idée de départ. D'abord, la spécialisation. L'opération de la cataracte est une intervention assez facile, qui améliore considérablement la vie des gens. Acquérir une expertise dans ce soin est une idée absolument géniale. Ensuite, l'aspect caritatif. Les soins sont gratuits pour les plus pauvres, le modèle économique à but non lucratif s'autofinance. Aravind dépend de donations extérieures, mais moins que d'autres. Enfin, comme on le voit sur les photos, les médecins vont chercher les patients dans les campagnes. Ce savoir-faire fascine le géographe que je suis. En Inde, les deux tiers des praticiens exercent en ville alors que la population reste très rurale. Le prix est une barrière, le genre, la caste aussi ; mais si les gens n'arrivent pas à la porte de l'hôpital, ces questions ne se posent même pas. Avoir aboli cette distance physique est l'un des plus grand succès d'Aravind.

Pourquoi ce modèle d'organisation n'est-il pas plus répandu ?
C'est tout le problème ! Comment parvenir à reproduire un modèle qui marche ? Vous n'imaginez pas le nombre d'initiatives dont les pouvoirs publics s'emparent pour les dupliquer, mais ça ne marche pas ! Parce que l'Inde est un pays de 1,2 milliard d'habitants, un pays-continent, et les contextes économiques sont différents. Le Sud et l'Ouest sont plus riches que le reste du pays. Au nord du pays, dans l'Uttar Pradesh par exemple, où la corruption est endémique, l'argent arrive mais n'est pas utilisé. Dans le privé, même la première chaîne hospitalière en Inde, Apollo Hospitals, a eu d'énormes difficultés pour étendre son réseau, malgré son expérience.

Comment est organisé le système de santé indien ?
A l'indépendance, en 1947, le gouvernement veut créer un système de soins public unique et universel, sur le modèle britannique. Entre 1951 et 1963, il crée quarante-cinq nouvelles facultés de médecine et forme ainsi une nouvelle génération de praticiens. Pour la plupart, ceux-ci viennent du Sud, de castes d'agriculteurs qui ont dû se réorienter après la réforme agraire – c'est le cas du fondateur d'Aravind. Mais cela ne répond pas à l'ampleur des besoins. Les difficultés sont nombreuses : la partition avec le Pakistan, les flux de réfugiés, les famines… L'idéal socialiste hérité de Nehru, le premier chef de gouvernement après l'indépendance, se brise sur la réalité.Quand ces nouveaux médecins

Bertrand Lefebvre
Docteur en géographie et membre d'une unité de recherche interdisciplinaire intitulée IDEES (Identité et différenciation des espaces, de l'environnement et des sociétés), ce chercheur français étudie le système de santé indien depuis 2002. Affilié au Centre de sciences humaines de New Delhi entre 2004 et 2009, il a rédigé de nombreuses études sur l'organisation des services de santé et les réformes du secteur hospitalier indien.

arrivent sur le marché, l'hôpital public est déjà en crise. Beaucoup partent pour l'étranger, aux Etats-Unis ou dans les pétromonarchies. A leur retour, certains ouvrent des hôpitaux caritatifs, une tradition qui remonte au XIXe, mais la majorité choisit d'ouvrir des hôpitaux à but commercial. Dans les années 1980, le gouvernement change donc de cap et soutient le secteur privé. Etats et municipalités donnent des terrains, l'Etat fédéral exempte l'équipement médical de taxes à l'importation. A compter de ce moment, trois systèmes cohabitent : l'hôpital public, le système privé caritatif et le secteur privé commercial.

« La santé est un capital essentiel pour les populations vulnérables. Il faut être en forme pour travailler la terre. »

L'Etat a alors voulu conditionner son soutien à la gratuité des soins pour les plus pauvres...

Et quel fiasco ! Il n'y a jamais eu d'évaluation. Tout se termine souvent devant la Cour suprême. Un exemple : j'ai revu les 37 contrats des hôpitaux privés de Delhi soutenus par les pouvoirs publics. Dans aucun d'entre eux, il n'y a la mention de ce qui se passerait si l'hôpital ne respectait pas son engagement. Ce serait la moindre des choses, non ? Quand on signe un bail, on sait ce qu'on encourt si on ne paie pas son loyer ! Là, il n'y a aucune garantie, aucun mécanisme de vérification. L'hôpital peut engager des politiques d'aide aux plus nécessiteux, ou pas.

Quelle est la situation actuelle ?

Il y a toujours aussi peu de régulation, mais les choses changent. Avec l'essor de l'assurance-santé, les patients ne sont plus seuls face aux hôpitaux privés et à leurs mauvaises pratiques. Le secteur commercial évolue aussi, il cherche à séduire la nouvelle classe moyenne. Il crée à son intention de petites cliniques, de 20-30 lits, en misant sur un taux de remplissage maximal.
C'est ce qui est fantastique en Inde : on joue sur les volumes pour réduire les coûts. Là, on s'inspire d'Aravind, mais sans l'aspect caritatif. Les gens vont payer peu, mais payer quand même.

La santé est-elle une priorité pour le gouvernement ?

Dans les pays en voie de développement, la santé n'est jamais un véritable enjeu. Le basique, c'est « l'eau, l'électricité, les routes ». Pourtant, la santé est un capital essentiel pour les populations vulnérables et les dépenses de soins sont la deuxième cause de pauvreté chez les ménages ruraux. Il faut être en forme pour travailler la terre. C'est pour ça que des initiatives comme Aravind, qui rétablissent la capacité de travail, sont si cruciales •

Propos recueillis par M. Q.

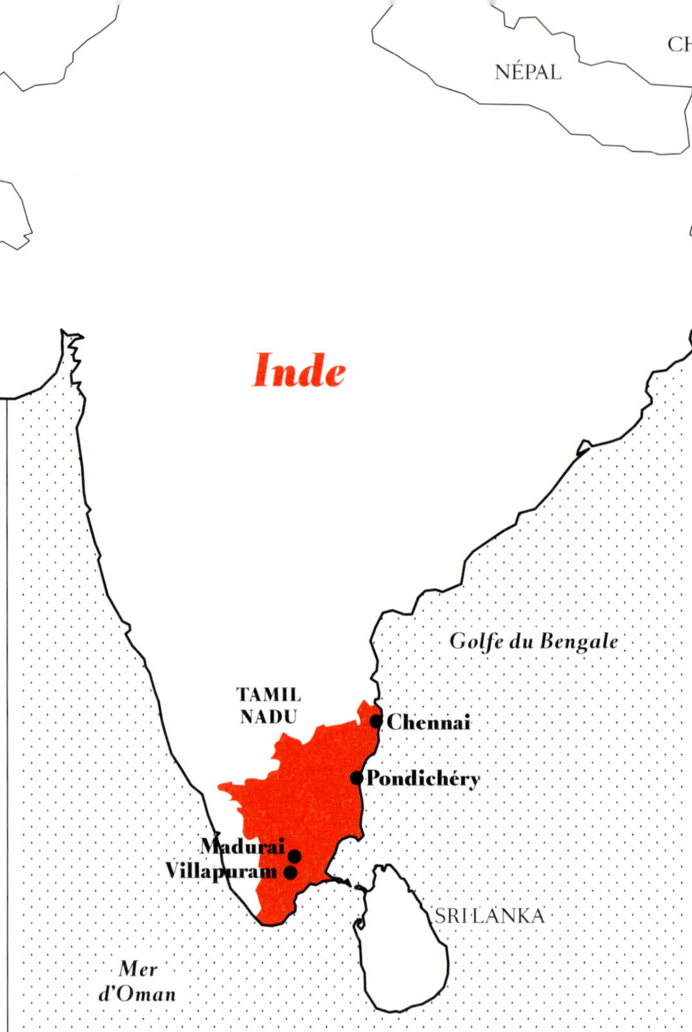

POUR EN SAVOIR PLUS

Le pari d'Aravind

Chaque patient donne ce qu'il est en mesure de donner : seule la qualité de l'accueil et de l'hébergement en dépend, pas celle des soins. La moitié environ ne paie pas. Le système est fondé sur la responsabilité individuelle et collective, mais aussi sur la division de castes : les personnes les plus aisées n'ont pas envie de passer la nuit dans un dortoir non climatisé avec des paysans. C'est aussi un système basé sur les économies d'échelle : la standardisation des procédures d'opération, effectuées « à la chaîne », a permis l'augmentation du volume des soins prodigués. D'où une baisse du coût de chaque hospitalisation, jusqu'à la gratuité. Mais Aravind bénéficie d'un autre cercle vertueux, peut-être plus surprenant : comme chaque chirurgien effectue chaque jour plus d'opérations que dans n'importe quel hôpital, il jouit d'une expertise reconnue à travers le monde, ce qui attire la clientèle la plus aisée… et permet de financer les soins gratuits.

L'organisation reçoit une subvention publique de 14 dollars par patient, ce qui finance le coût de la lentille et du matériel d'opération. Selon Aravind, tout le reste (salaires, entretien des locaux, agrandissements des bâtiments) relève de l'autofinancement. Aujourd'hui, les cinq hôpitaux du groupe assurent 315 000 interventions chirurgicales et plus de 2,6 millions de consultations par an. Aravind, c'est aussi un centre de recherches et un centre de production, Aurolab, d'où sortent des fils de suture, des produits liés aux opérations et des lentilles intra-oculaires qui sont exportées dans 120 pays et représentent près de 8 % du marché international. Un centre de formation permet à des médecins et des directeurs d'hôpitaux du monde entier de s'inspirer de cette expérience.

« Doctor V »

En 1948, une polyarthrite rhumatoïde pousse Govindappa Venkataswamy, plus connu sous le nom de « Doctor V », à quitter l'armée, où il officie comme médecin, pour se lancer dans l'ophtalmologie. Il rejoint le centre hospitalier de Madurai, où il développe dès 1960 des programmes de sensibilisation à la cataracte. Avec sa famille, il fonde à Madurai, en 1976, un premier hôpital de onze lits, le Aravind Eye Care Hospital. Aravind signifie « lotus » en sanskrit et se prononce « Aurobindo » en bengali : un hommage à Sri Aurobindo, militant indépendantiste indien dont la philosophie inspira la création d'Auroville, une cité utopiste construite dans les années 1960. « Doctor V » est décédé en 2006. Après sa sœur et son beau-frère, un proche de la famille, le Dr. R. D. Ravindran, a pris la tête de l'entreprise en juin 2010.

DR

Govindappa Venkataswamy, le fondateur d'Aravind.

Le Tamil Nadu

Madurai, où Aravind a son siège, est la deuxième ville du Tamil Nadu, un Etat du sud de l'Inde de 72 millions d'habitants, majoritairement Tamouls. Capitale culturelle, Madurai est réputée pour sa richesse architecturale et son jasmin. La capitale de l'Etat, Chennai, était appelée Madras jusqu'en 1969. La politique locale est dominée par des partis issus du « Self-respect movement », un mouvement politique qui prônait dès 1925 l'égalité et l'émancipation des

JACQUES VEKEMANS

Au centre de recherches et de production d'Aravind, à Madurai.

castes placées au bas de la hiérarchie. L'Etat du Tamil Nadu détient aujourd'hui l'un des taux d'alphabétisation les plus élevés en Inde (80,3 % en 2011) et compte le plus grand nombre d'ingénieurs diplômés. Il est le plus urbanisé et le plus industrialisé, mais 27,5 % de sa population vit sous le seuil de pauvreté.

La cataracte

La cataracte est une maladie de l'œil : peu à peu, le cristallin, la lentille située à l'intérieur de l'œil, s'opacifie, ce qui provoque la cécité. Dans les pays développés, elle intervient principalement chez les personnes âgées. Dans les pays du Sud, elle frappe aussi les plus jeunes, soumis à la malnutrition, à la déshydratation et à l'exposition au soleil, lorsqu'il se reflète sur les rizières par exemple. Douze des 45 millions d'aveugles à travers le monde vivent en Inde.

Les systèmes économiques BOP

Sous l'acronyme BOP (« Bottom of Pyramid », le bas de la pyramide) se cache toute une littérature universitaire initiée par C. K. Prahalad en 2004. Ce chercheur indien (aujourd'hui décédé) qui enseignait à l'université du Michigan, aux Etats-Unis, suggérait aux firmes multinationales de s'intéresser aux 4 milliards d'individus disposant de moins de 2 dollars par jour, de cesser d'opposer philanthropie et capitalisme et de radicaliser le principe de l'entreprise sociale pour en maximiser l'intérêt économique. Au Bangladesh, Mohammed Yunus fournit l'un des exemples les plus connus de BOP avec les 8,3 millions de clients de sa Grameen Bank, la première institution de microcrédit au monde. En Inde, HLL, filiale d'Unilever, réalisait 2,3 milliards de dollars de chiffre d'affaires en 2007 en fournissant des produits d'hygiène à la population rurale avec l'aide de 1 million de petites distributrices. Danone vend en Indonésie un produit laitier enrichi en vitamines et en calcium à 0,10 euro la bouteille. Pour qu'une initiative BOP soit un succès, il faut réunir trois critères d'accessibilité : financière, sociale et physique.

VARDI KAHANA

Ces trois moines birmans viennent d'être opérés de la cataracte par une ONG israélienne, en 2009.

DANS LES COULISSES

Jacques Vekemans a d'abord été sociologue, l'organisation des sociétés le captive. Mais il a une autre passion, l'Inde, où il se rend tous les deux ans depuis vingt ans. Photographe, il avait envie de réaliser un reportage mêlant ces deux centres d'intérêt. L'histoire d'Aravind lui a *« immédiatement parlé »*, parce que *« c'est l'histoire d'un homme qui réussit à créer un système de soins pour les plus pauvres, dans un pays où l'Etat est déficient »*.
Le photographe a séjourné deux fois au sein d'hôpitaux du réseau Aravind, cinq semaines en 2009 et deux semaines en 2011, à Pondichéry et à Madurai. Dans chaque hôpital, le responsable administratif relayait ses demandes de rencontres et de visites, sans qu'il soit pour autant chaperonné.
Le travail d'enquête est, pour Jacques Vekemans, au moins aussi important que la réalisation des photos en elles-mêmes. Le choix des sujets aussi. Il est particulièrement attaché à celui-ci, parce que le système Aravind peut, selon lui, *« servir de source d'inspiration »* à un modèle européen appelé à *« bâtir un futur différent du présent »*.

UNE ENFANCE IRANIENNE

Dans les montagnes autour de Talesh, près de la frontière azerbaïdjanaise, **Mohammad Golchin** *va d'école en école, à la rencontre d'« enfants heureux, même avec les dents cassées ».*

« Dans ces villages, il n'y a pas d'électricité. L'instituteur s'est approché de la fenêtre pour éclairer son livre à la lumière du jour. L'école est à trois quarts d'heure de marche de Talesh, la plus grosse ville de la région. L'instituteur vient tous les jours à pied, il n'a pas les moyens d'acheter une voiture. »

Une enfance iranienne

« Ici, nous sommes encore plus loin de la ville, il n'y a qu'une seule classe, tous les niveaux sont mélangés. Les enfants apprennent juste à écrire et compter. Rares sont ceux qui continuent à étudier après le niveau 5, l'équivalent du CM2. »

« En ville, filles et garçons sont séparés. Ici, ils sont simplement groupés par bancs ou par rangées de tables. »

« Ce jour-là, l'instituteur fait passer un contrôle oral. Ceux qui ont terminé jouent les curieux. »

« La fillette est en retard. En arrivant, elle m'a regardé d'un air étonné, en se demandant qui je pouvais bien être. »

« Pendant le cours de maths, un élève répond à une question de calcul avec les doigts. Sur le tableau, il est écrit "Au Nom de Dieu". L'école de Mazalemekam, un village de huit familles, ne compte que cinq élèves. »

Après avoir marché deux heures dans les montagnes, dans la neige et la boue, alors qu'il faisait très froid, le frère et la sœur sont arrivés gelés. Avant de s'installer, ils se réchauffent près du poêle. Cette école est dans un tout petit village reculé, Bakhse Hayati, à quatre heures de Talesh. »

« Dans cette école, il y a deux classes. Samira est plongée dans son livre de lecture de persan, alors que les autres élèves sont en récréation. »

« Quand la neige se met à tomber, cela peut durer plusieurs jours. L'école ferme plus tôt pour permettre aux enfants de rentrer chez eux avant que les chemins ne deviennent impraticables. »

« Parfois, la rivière se transforme en torrent, le pont construit par les villageois est emporté par les eaux. En ce moment, le pont est cassé, il a beaucoup plu. »

« J'ai fait cette photo d'Asbabsero parce que les habitants voulaient que je montre à quoi ressemble leur village, à une heure et demie de Talesh. En hiver, seules cinq familles y vivent. L'été, c'est beaucoup plus peuplé, vingt-cinq familles s'installent pour la saison des pâturages. »

« Quand l'école est fermée pour cause de chutes de neige, les enfants sont heureux. Leurs jeux sont dans la nature, ils n'ont ni ordinateur, ni PlayStation... Ceux qui ont la chance d'avoir un ballon en prennent le plus grand soin pour qu'il dure le plus longtemps possible. »

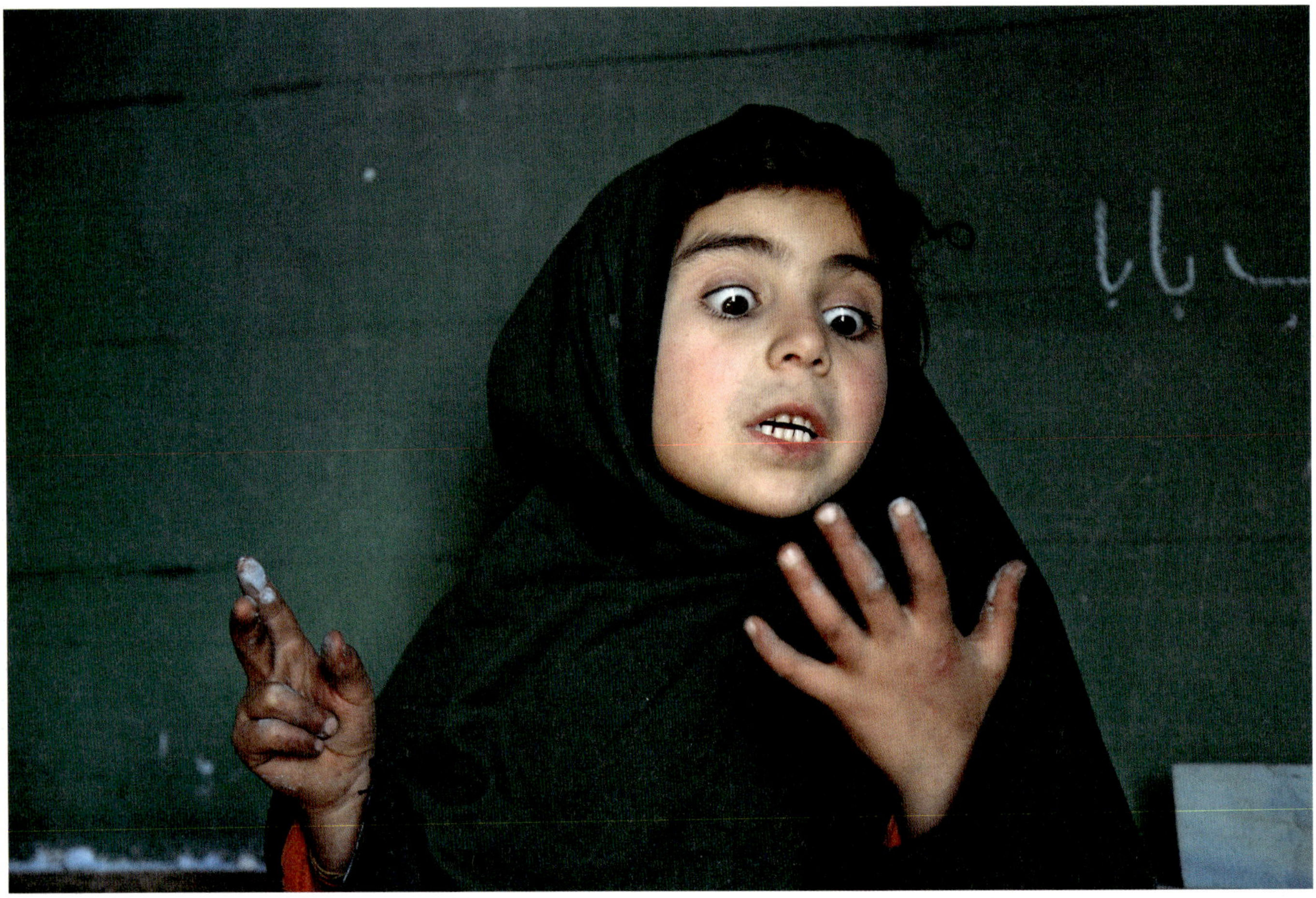

« Zohreh, 7 ans, répond à l'instituteur pendant le cours de maths. Elle fixe sa main avec un drôle de regard : elle a des difficultés à voir de près, sa vision n'est pas bonne. Le premier ophtalmologiste est à trois heures, dont deux et demie de marche. Le village de Kohestan est très isolé. »

« Cette école, construite avec du bois et des bâches de plastique, est ambulante. Les familles se déplacent avec. La fillette, qui s'appelle Golnar, revient régulièrement dans mes photos, comme Zohreh, celle qui a un problème de vue. Toutes les deux sont de bons sujets pour un photographe. »

Une enfance iranienne

« Dans nos montagnes, on n'utilise pas de montres, le soleil rythme les journées. Au lever du jour, toute la famille est debout, chacun part vaquer à ses occupations. Lorsque la nuit tombe, tout le monde va dormir. Les enfants apprennent à lire l'heure à l'école. »

« A 9 ans, les filles célèbrent leur nouvelle entrée dans la vie, selon la tradition musulmane chiite. La cérémonie, appelée "Jashne Taklif", est organisée par l'école. Coiffées du tchador blanc, elles deviennent des femmes musulmanes. Elles récitent leur première prière, qu'elles devront apprendre durant l'année. A partir de ce jour, elles ne doivent plus sortir seules, sans un membre de leur famille. »

« C'est l'hiver, la rivière est agitée, l'eau a monté. L'instituteur, Arastou Seifneghab, aide les plus jeunes élèves à traverser. »

« La cour de l'école sert de poulailler : souvent on y trouve des poules, des canards... L'instituteur les élève pour se nourrir. Les enfants, eux, rentrent à la maison pour déjeuner, l'école se termine à midi. Dans la matinée, on leur donne un verre de lait, des dattes, du raisin. »

« L'instituteur dispose d'une pièce où il peut se reposer. Parfois, il y vit. La plupart des enseignants sont originaires de la région. Dans ces montagnes, il n'y a que des écoles primaires, pas de collèges et encore moins de lycées. »

« Une séance de sport est organisée avant de commencer la classe pour réchauffer les enfants et éviter qu'ils soient endormis pendant les cours. »

« Pendant la récréation, l'instituteur joue au foot avec ses élèves. La plupart des enfants de la région n'ont jamais entendu parler des grandes équipes de foot iraniennes, Persepolis et Estaghal. C'est souvent le prof qui apporte lui-même le ballon. Sur le mur, il est écrit "Dire le vrai est la base de la foi et l'ornement de l'homme." »

« L'instituteur vit sur place, il rentre chez lui le jeudi et le vendredi, les deux jours de repos de la semaine. Il est célibataire, comme la plupart des enseignants dans ces écoles. »

« L'école ambulante est en train d'être déplacée. D'après le tableau, les enfants étudient la division par quatre. »

« C'est la belle saison du printemps, l'instituteur a installé sa classe en plein air, sous les chants des oiseaux. »

« Les enfants plaisantent souvent entre eux. Là, ils parlent certainement de moi. Les élèves de ces écoles n'avaient jamais vu d'appareil photo. En voyant leur propre visage apparaître sur le petit écran, ils ont été surpris, ils ont compris ce qui venait de se produire : une image d'eux ! Certains enfants qui me connaissent bien maintenant me disent qu'ils veulent devenir photographes. La plupart restent au village quand ils terminent l'école, à 11 ans. Ils aident leurs parents, gardent le troupeau de moutons, puis se marient. »

« Les enfants patientent dans la cour pendant que l'instituteur fait passer l'examen de persan, à tour de rôle. En attendant, ils révisent. »

« Quand le printemps arrive, ceux qui possèdent un vélo peuvent enfin l'utiliser. Les chemins sont praticables, tout est vert, le froid a disparu, l'air est agréable. »

« LE RELIGIEUX EST PARTOUT »

Pour **Saeed Paivandi**, *ancien enseignant en Iran, les écoliers et professeurs des campagnes bénéficient de plus de liberté que ceux des villes, mais l'enseignement reste idéologique.*

6Mois Que vous inspirent ces photos ?
On constate que le milieu rural s'est en partie affranchi du contrôle de l'Etat. Sur les photos, les classes sont mixtes alors que la loi impose une séparation dès l'école maternelle. La mixité s'applique aussi aux instituteurs : on peut avoir une enseignante pour des garçons, et inversement. En ville, ce n'est pas possible. La séparation imposée entre filles et garçons, femmes et hommes, est strictement respectée. De la même façon, la couleur des vêtements de ces écoliers est surprenante. Les couleurs officielles du régime sont sombres. La pudeur, pour une fille, c'est non seulement de se couvrir mais de le faire avec du noir, du gris… On voit aussi que beaucoup de petites filles ne se couvrent pas complètement les cheveux avec leur voile. Elles se contentent du minimum, c'est un moyen de refuser la règle.

Il n'y a aucune représentation des dirigeants iraniens dans ces écoles, n'est-ce pas surprenant ?
C'est très étonnant. Il est quasiment impossible de trouver en Iran des lieux publics dont les photos des dirigeants soient absentes. Ces images pratiquement obligatoires font partie du décor. Je pense que c'est une volonté du photographe de ne pas les montrer.

Faut-il s'étonner de voir des écoles dans les campagnes les plus reculées ?
Non, l'Iran encaisse plus de 80 milliards de dollars par an rien qu'avec le pétrole, et son système éducatif est vieux de plus d'un siècle. L'école est obligatoire jusqu'à l'âge de 14 ans; le taux de scolarité atteint 97 % à l'école primaire, 80 % au collège. Mais après le collège, 2,5 millions d'élèves – environ 20 % des effectifs – s'évanouissent dans la nature.

Il y a une volonté d'éducation ?
La baisse de la natalité, que l'on constate depuis une dizaine d'années, a permis à l'Iran de rattraper son retard. La demande d'éducation s'est généralisée, et le régime a construit de nombreuses écoles, notamment dans les campagnes. C'est là, et dans les milieux populaires, qu'il puise ses soutiens.

Quelle est la place de l'idéologie dans l'enseignement ?
Après l'Arabie saoudite et le Yémen, l'Iran a le système éducatif le plus idéologique qui soit. Formellement, l'enseignement religieux couvre entre 11 % et 18 % du temps scolaire. En réalité, le discours religieux est partout : dans les livres, y compris en sciences, avant le début des cours, pendant la pause… Un quart du temps y est consacré. Le régime veut montrer que toutes les clés sont dans l'islam, qu'il y a une opposition entre la modernité à l'occidentale et le modèle islamique. Les livres scolaires véhiculent l'idée d'un conflit entre les civilisations et soulignent la pertinence du modèle islamique. La vie urbaine y est critiquée, celle des campagnes glorifiée.

Un exemple précis ?
Nous avons récemment fait une étude sur 3 000 illustrations tirées des manuels scolaires de 2008 : il y a peu de femmes et pratiquement aucune non voilée. Même la photo de Marie Curie, prix Nobel de physique en 1903 pour son travail sur la radioactivité, est cadrée de telle sorte

Saeed Paivandi

Etudiant en sociologie en Iran pendant la Révolution de 1979, Saeed Paivandi est expulsé de l'université. Il devient enseignant et vit de l'intérieur la première phase d'islamisation du système éducatif. Il s'exile ensuite en France, où il est aujourd'hui professeur en sciences de l'éducation à l'université Nancy-II. Il est l'auteur de « Religion et éducation en Iran : l'échec de l'islamisation de l'école » (L'Harmattan, 2006).

qu'on ne puisse pas voir ses cheveux. Le texte évoque son mari, Pierre, et mentionne qu'il était beau garçon, avant de préciser que Marie était une mère et une épouse exemplaire qui n'a jamais sacrifié sa vie familiale.

Les élèves sont-ils réceptifs à ces messages ?

Il y a des résistances. Les élèves jouent avec les limites du système. Une jeune fille m'a raconté comment elle avait tenu tête à sa directrice, qui avait imposé un maximum de trois centimètres pour les talons. Les siens étaient à la limite de la taille réglementaire, la directrice les a fait mesurer, elle n'a rien pu faire. Parfois, les élèves posent sciemment des questions absurdes. Le professeur dit qu'il faut respecter le temps de la prière, le matin, à midi, le soir... *« Mais, Monsieur, au pôle Nord, comment fait-on quand il fait nuit pendant six mois ? »*, demande l'un. Une autre élève me racontait qu'une enseignante en religion soutenait que la sécheresse en Iran était la conséquence des péchés commis dans le pays : *« Mais, Madame, en Europe, il y a beaucoup de forêts. Les Occidentaux ne doivent pas commettre tant de péchés, puisque c'est vert partout ? »*

« Il y a des résistances. Les élèves jouent avec les limites du système. Ils posent sciemment des questions absurdes. »

Quelles sont les relations entre filles et garçons ?

La séparation imposée dans les lieux d'enseignement est telle qu'ils sont très curieux du sexe opposé et rusent pour se rencontrer. Quand j'étais au lycée, dans une petite ville, nous avions accueilli trois ou quatre filles qui voulaient étudier les maths et la physique. Leur présence a changé notre existence. On s'habillait bien mieux et, pour ma part, c'était la première fois que j'achetais de l'eau de toilette. On essayait de travailler mieux : si on séchait au tableau, c'était une catastrophe. Nous vivions la même chose que les enfants d'aujourd'hui, mais, à l'époque, cette séparation était imposée par la société plus que par l'Etat.

Les professeurs ont-ils plus de liberté à la campagne ?

Dans les villes et les foyers de contestation, la formation idéologique est forte et le contrôle permanent. Les Gardiens de la Révolution, les « bassidjis », recrutés parmi les élèves et parfois dès le collège, sont là et veillent. Dans les zones rurales, les enseignants ont plus de liberté. Leurs conditions de travail sont difficiles, ils sont moins bien formés, isolés et très mal payés. Mais leur marge de manœuvre pour interpréter les programmes officiels est plus importante •

Propos recueillis par M. B.

POUR EN SAVOIR PLUS

La république des mollahs

L'Iran, deuxième producteur au sein de l'Organisation des pays exportateurs de pétrole (OPEP), tire l'essentiel de ses revenus de l'or noir. Ses exportations de pétrole lui ont rapporté 100 milliards de dollars en 2011. Jusqu'à la fin des années 1970, le pays est dirigé d'une main de fer par le Shah Mohammed Reza Pahlavi, soutenu par les Etats-Unis. Il est chassé du pouvoir en 1979 par une révolution à laquelle participent laïcs et religieux, étudiants, travailleurs, chômeurs. Le pouvoir religieux s'impose avec le retour d'exil de l'ayatollah Khomeyni. Devenu « Guide suprême », il pose les bases d'un régime fondé sur la loi islamique. En 2009, la république des mollahs vacille sous le poids des millions de manifestants qui contestent la réélection à la présidence de Mahmoud Ahmadinejad, mais la répression vient à bout d'un printemps iranien avorté. Avant la révolution de 1979, la moitié seulement de la population est urbanisée. Aujourd'hui, 70% des 74 millions d'habitants vivent en ville. Surtout, plus de la moitié de la population a moins de 25 ans.

BEHROUZ MEHRI / AFP

En juin 2009, des millions d'Iraniens contestent la réélection de Mahmoud Ahmadinejad. La répression sera violente.

L'islamisation de l'école

Forgée sur le modèle occidental laïc, l'école moderne iranienne vole en éclat dans les années 1980. Au lendemain de la Révolution, 100 000 instituteurs sont exclus des écoles et 40 000 étudiants des universités. Les facultés ferment leurs portes pendant plus d'un an, le temps de changer les programmes et de former de nouveaux professeurs fidèles à la Révolution. La morale religieuse fait son grand retour, les filles sont obligées de se voiler. La République islamique place l'éducation au cœur de son projet de société nouvelle. Plus qu'un retour au modèle traditionnel, il s'agit d'opposer à la culture occidentale la culture islamique et la formation religieuse car, explique le nouveau régime, *« c'est avec cette éducation que l'homme se libère de l'ignorance »*.

Les filles face à l'enseignement

La République islamique ne s'est jamais opposée à l'éducation des filles. Au contraire, il lui faut former médecins, infirmières, etc., pour s'occuper des Iraniennes, puisque les hommes n'ont plus le droit de les approcher. Elles n'en restent pas moins les grandes perdantes de la première phase d'islamisation : le régime met fin à la mixité tolérée par le Shah et leur interdit de nombreuses filières. L'obligation de porter le voile réconcilie

روان‌خوانی فصل ششم

معلّم فلسطینی

وقتی سربازها دور خالد حلقه زدند، دوستانش همه فرار کرده بودند و او تنها مانده بود. هنوز خیلی کوچک بود. شش سال بیشتر نداشت.

مثل یک گنجشک کوچک بود که با دو بال نرم، تازه می‌خواست پرواز یاد بگیرد. از بقیّه عقب مانده و به دام افتاده بود.

یکی از سربازها به او گفت: «هنوز سنگ در دست داری؟ بدجنس! دیگر نمی‌توانی انکار کنی.»

سرباز دیگر به بغل‌دستی خود گفت: «نگاه کن! گریه نمی‌کند. به‌نظر هم نمی‌رسد ترسیده باشد. فکر می‌کنی ترسیده است؟»

دیگری جواب داد: «نمی‌دانم؛ تو چه فکر می‌کنی؟»

سرباز اوّلی جواب نداد؛ لوله‌ی تفنگ خود را به‌طرف خالد گرفت و داد زد: «بگو کی به تو یاد داده است که ما را با سنگ بزنی؟ اگر نگویی، تو را می‌کشم. این‌جا دوربین هم نیست که عکس بگیرد. کسی هم نمی‌فهمد که تو کشته شده‌ای. ها، بگو، کی به تو یاد داده است ما را با سنگ بزنی؟»

خالد با زبان کودکانه گفت:

ـ «برادرم، برادرم محمّد.»

ـ «آفرین پسر، برادرت کجاست؟»

۱۱۲

Le conflit israélo-palestinien est omniprésent dans les manuels scolaires iraniens. Sur cette illustration, un enfant palestinien fait face à des soldats israéliens.

toutefois les familles les plus traditionnelles avec l'école. Alors qu'en 1976 une fille sur deux n'est pas scolarisée, elles représentent aujourd'hui plus de 50 % de la population étudiante. Paradoxalement, le voile est devenu pour les femmes un « passeport » qui leur permet de se faire une place dans l'espace public. L'école également : les familles sont moins regardantes lorsqu'une jeune fille réussit dans les études.

L'école pour tous

Le taux de scolarisation des enfants entre 6 et 14 ans est passé de 60 %, au moment de la Révolution islamique, à 85 % en 2004. La croissance du nombre d'étudiants est encore plus spectaculaire : ils sont 160 000 à la veille de la Révolution, 4 millions aujourd'hui. Le recul de la natalité ces quinze dernières années a permis à l'Iran d'achever la généralisation de l'éducation dans le primaire : 98 % des enfants vont aujourd'hui à l'école, mais on compte 5 millions d'élèves de moins qu'il y a dix ans. La massification de l'enseignement s'explique aussi par la demande croissante d'une population nourrie par les médias iraniens indépendants installés hors des frontières.

Enseignants en colère

Malgré la répression, les enseignants iraniens ont manifesté et défié le régime de Mahmoud Ahmadinejad à plusieurs reprises ces dernières années, pour tenter d'améliorer leurs conditions de vie. Le salaire mensuel d'un enseignant se situe autour de 3 millions de rials (200 euros), bien en dessous de ce que gagnent la majorité des fonctionnaires. Leur situation s'est largement dégradée depuis la Révolution islamique. Pour avoir le même niveau de vie qu'au milieu des années 1980, ils devraient toucher trois fois leur salaire actuel. Beaucoup de professeurs cumulent deux ou trois activités pour survivre : ils enseignent matin et soir dans deux écoles différentes, conduisent un taxi, s'occupent d'une ferme…

Une mosaïque ethnique

L'Iran compte des dizaines de minorités ethniques et linguistiques. Toutes les provinces centrales sont persanophones, mais d'autres parlent turc, baloutche, arabe… Parfois, les enfants découvrent le persan (farsi) à l'école. Malgré un fort rattrapage, ces provinces sont encore à la traîne en matière de scolarisation. Une fille née dans un village d'une région sous-développée comme le Baloutchistan, à la frontière du Pakistan, a douze fois moins de chances d'accéder à l'enseignement supérieur qu'un garçon né à Téhéran. Rurale mais située dans le nord du pays, plus riche, la province de Gilan, où se trouvent les montagnes de Talesh, affiche l'un des taux de scolarisation les plus élevés.

DANS LES COULISSES

Personne ne lui a demandé de parcourir les montagnes pour photographier les écoles de villages. Aucune organisation humanitaire, aucune administration ne l'a mandaté. Lui-même a grandi en ville, à Talesh, où les écoles n'ont rien à voir avec celles des montagnes. Pourquoi donc Mohammad Golchin photographie-t-il inlassablement ces enfants ? *« C'est personnel,* répond-il. *Je vis à Talesh et je prends des photos de la région. »*
Le photographe a commencé son travail en 2007. Il a déjà pris 10 000 photos mais continue à aller de village en village, au volant de sa Nissan et, au-delà des routes, à pied, pour témoigner. Pour comprendre le ressort de son travail, il faut patienter : là, explique-t-il en commentant un cliché, l'école a été refaite. En insistant, on saisit que les autorités l'ont rénovée après avoir vu ses images dans une exposition collective. Et c'est justement pour ça qu'il le fait. Du garçon qui éclate de rire, bouche ouverte et dents cassées, il dit : *« J'ai voulu montrer son bonheur. Malgré ses dents cassées, il est heureux. Dans nos montagnes, les enfants ont un cœur pur. Ils vivent sans honte, leur apparence n'est pas aussi importante que pour les enfants des villes. »*

PORT DE LA POISSE

D'Istanbul à Dakar, des équipages se retrouvent abandonnés par des armateurs peu scrupuleux. Depuis dix ans, **Patrice Terraz** *recueille les histoires de ces naufragés de la mondialisation.*

LE FLORENZ

« La nouvelle tombe le 30 mars 2001, alors que le "Florenz" est amarré dans le port de Sète, au sud de la France. Ce jour-là, un marin lit à l'équipage un télex tout juste arrivé du Panama. L'armateur annonce que la société Donilda Shipping abandonne le navire. Les vingt-deux matelots n'ont pas été payés depuis six mois, ils sont lâchés sans un sou à des milliers de kilomètres de chez eux. Cyrille, qui vient du Cameroun, vacille. »

« Les marins du "Florenz" sont grecs, croates, ghanéens, congolais, camerounais et géorgiens. Cela fait maintenant trois mois qu'ils sont bloqués à Sète. Ils ont commis une erreur : en acceptant de décharger leur cargaison de bois exotique, ils ont perdu leur unique moyen de pression. Les cargaisons valent souvent plus cher que les bateaux. »

« Quinze marins sont rapatriés en juillet chez eux grâce à la Fédération internationale des ouvriers du transport (ITF). Au début, personne ne voulait partir. Comment rentrer chez soi les poches vides après avoir travaillé pendant plus d'un an ? Sept matelots restent à bord. Ils vont garder le bateau jusqu'à ce qu'il soit vendu, en espérant que les bénéfices permettront de rémunérer tout le monde. »

« De nombreux équipages sont abandonnés à travers le monde par des armateurs qu'ils n'ont jamais vus ni croisés. Ceux qui le sont à Sète sont les mieux lotis. Le port n'est pas éloigné de la ville, et il existe une association qui leur vient en aide. Heureusement… Les hommes du "Florenz" ont été embauchés à des salaires trois fois inférieurs aux barèmes internationaux, et ils n'ont pas été payés. Nodar, un matelot géorgien, a bu pour oublier. »

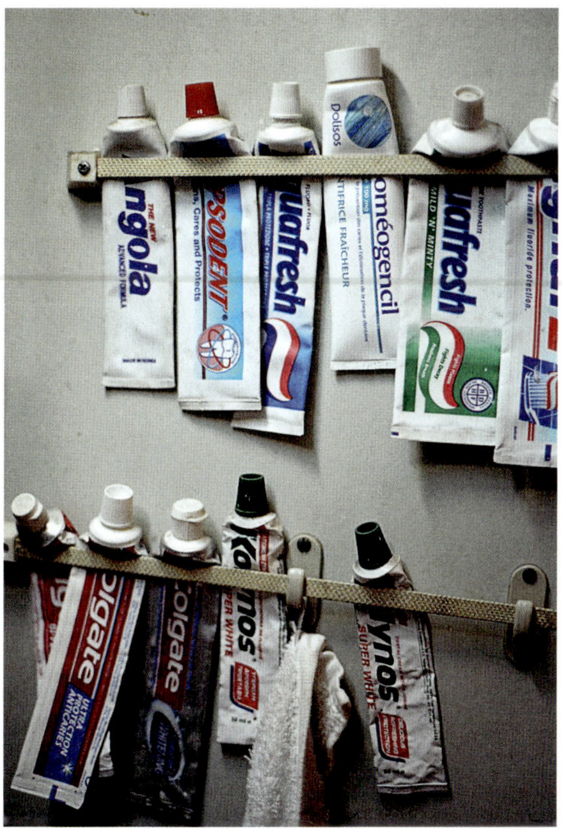

« Pourquoi Douglas, un Ghanéen, garde-t-il ses tubes de dentifrice vides ? Je n'en sais rien. Nous sommes en janvier 2002, le bateau et les hommes sont toujours à quai. »

« Mate, le cuisinier croate, n'a rien à mettre dans les casseroles hormis ce que lui donnent des organisations caritatives. Un jour, je l'ai vu récupérer une caisse de têtes de poissons. »

« Les sept marins entretiennent le bateau dans l'attente de sa vente. Plus d'un an après leur arrivée à Sète, il sera vendu aux enchères à un armateur grec pour 1 060 000 euros, une somme inespérée. »

« Pendant l'immobilisation du "Florenz", un autre équipage non payé est arrivé à Sète. Les vingt-neuf marins ukrainiens du "Vassily Belokonenko" n'ont pas reçu de salaire depuis plus de six mois. Ils n'ont pas fait appel à l'assistance de la Fédération de marins. Ils avaient peur de perdre leur emploi. »

« C'est la fin du "Florenz". Le nouvel armateur rebaptise le bateau, qui devient le "Trinity". Après être resté un an et demi à quai, le navire repart. Il bat maintenant pavillon cambodgien, le nouvel équipage est philippin. Seul Douglas, le Ghanéen, est resté. Mate, le cuisinier, est parti ouvrir une guinguette sur une île croate. »

« Nous sommes toujours en 2001, mais à Marseille. Taher est roumain et marin sur le "Fenix". Quand le bateau a accosté, l'équipage n'était plus payé. Les marins ont saisi la Fédération des matelots qui a fait suspendre le déchargement de la cargaison, de l'alumine. L'armateur a également été sommé de réagir. »

« Comme le reste de l'équipage, Jon, qui est aussi roumain, attend que l'armateur, une compagnie grecque, la Lemnos Shipping, se manifeste. Pour ne pas encombrer les quais, le "Fenix" a dû s'amarrer au large de Marseille, sur une digue surnommée "le quai de l'oubli". »

LE FENIX

« Un jour, un Italien arrive dans une grosse berline. Il a avec lui une valise pleine de billets, 28 000 dollars. Le capitaine règle les arriérés de salaires. Le "Fenix" peut retourner au quai pour décharger son alumine.
Le bateau change de nom, il devient le "A.G. Ekaterini". Avant d'être le "Fenix", il avait déjà été le "Maria de Lourdes", le "Taymac" et le "Constanza". »

LE MARINE ONE

« Ils sont cinq à bord du "Marine One", un bateau immobilisé à Dakar, au Sénégal, depuis déjà un an. Nous sommes en novembre 2005. Les dix-sept marins de l'équipage venaient de faire une année de campagne de pêche le long des côtes africaines. A peine le bateau amarré, le propriétaire a vendu la cargaison de crevettes congelées, puis il a disparu. Les matelots, originaires du Mozambique et du Bénin, n'ont pas reçu le moindre salaire. »

« Un des hommes est gravement malade. Ce n'est pas étonnant vu ce qu'ils boivent : de l'eau croupie, marron. Dans les cabines, il fait très chaud. Pour avoir un peu d'air, le malade s'est installé sur la trieuse à poissons. »

« Les pêcheurs sénégalais donnent un peu de poisson aux marins abandonnés. Sans ça, ils mourraient de faim. L'un d'entre eux m'a emprunté mon téléphone pour prendre des nouvelles de sa famille. En raccrochant, il m'a dit : "J'ai parlé à ma fille, elle a 2 ans, je ne l'ai jamais vue ; elle n'était pas née quand je suis parti." »

« Nous sommes en janvier 2010. Hasan Keskin est l'un des deux "gardiens" du "Nemesis", immobilisé au large d'Istanbul, en Turquie, depuis un an. Le bateau, immense, a été construit en 1965, il est dans un état pitoyable. Il est immatriculé au Sierra Leone. »

LE NEMESIS

Port de la poisse

« Les deux "gardiens" du Nemesis sont ravitaillés une fois par semaine par le propriétaire, qui espère voir son bateau reprendre la mer. Ils n'ont encore jamais été payés, ils espèrent un hypothétique salaire. »

« Hasan Keskin et Fehmi Kiliç ont l'air de sauvages sur une île déserte. Ils sont turcs, mais ne quittent jamais le navire. »

LE SOLVITA

« A Istanbul, les bateaux à l'abandon restent au large. Les marins du "Solvita", à l'ancre depuis trois mois, survivent grâce au ravitaillement fourni par la Fédération des marins. »

« Le bateau est immatriculé à Saint-Vincent-et-les-Grenadines. Il a été saisi et devrait être vendu. L'équipage ukrainien espère être rapatrié avant la vente. »

« Irina Kashnikova a 37 ans. Ukrainienne, elle est la cuisinière du "Solvita". Comme ses collègues, elle a huit mois d'arriérés de salaire, elle déprime. »

« Anton Steshenko veut rentrer chez lui, à Kertch, un port ukrainien. Il a embarqué sur l'"Eastern Planet" pour un salaire mensuel de 1 300 dollars, six fois plus que le salaire moyen dans son pays, mais le bateau est tombé en panne dans le détroit de Gibraltar et a dû accoster à Algésiras, au sud de l'Espagne. Nous sommes en septembre 2010. L'équipage n'est plus payé depuis plusieurs mois, les arriérés de salaires s'élèvent à 68 000 dollars. Le jour où j'ai pris cette photo, l'armateur venait de dire : "J'arrive demain avec l'argent." Personne n'y croyait. »

L'EASTERN PLANET

« Le lendemain pourtant, un représentant de l'armateur a débarqué avec une valise pleine d'euros et l'équipage a été payé. Electricien sur l'"Eastern Planet" depuis sept mois, Valentyn Kurochkin compte et recompte ce qu'il vient de recevoir. Son salaire mensuel est de 1 800 dollars. Il y a quelques jours, sa femme l'avait imploré au téléphone : "Reviens, reviens. Tant pis si tu n'as pas d'argent, j'ai besoin de toi." Aujourd'hui, il a peur de ne pas reconnaître sa fille, qui avait 2 mois quand il est parti. Pour obtenir son emploi à bord, il a dû donner, comme tout l'équipage, 700 dollars à un agent recruteur. »

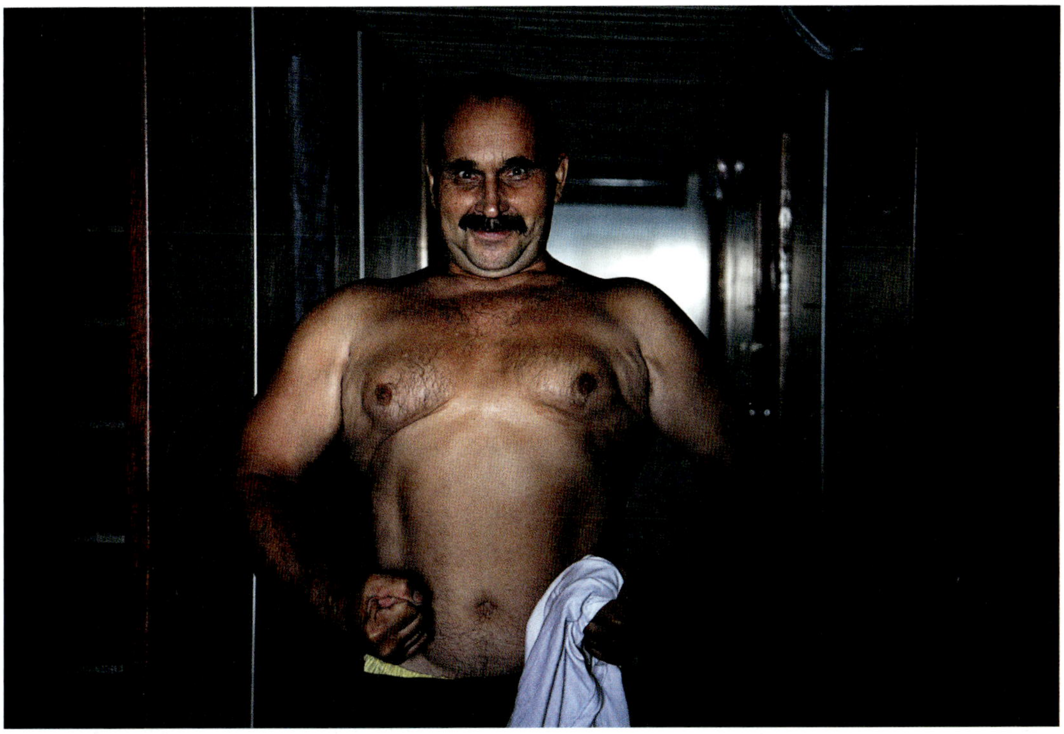

« D'un coup, l'ambiance se détend sur l'"Eastern Planet". Volodymyr Vaganov enlève son T-shirt pour me montrer ses muscles. Ukrainien, âgé de 58 ans, il est ingénieur à bord pour 3 000 dollars par mois. Demain, il ira avec ses collègues dans un bureau de Western Union pour envoyer son argent en Ukraine. Il va rentrer chez lui, mais il ne veut pas transporter de liquide pour éviter de se faire racketter par les policiers ukrainiens. »

« De sa cabine, Pavlo Tymchenko a vue sur le terminal de conteneurs de la compagnie danoise Maersk. Il rêve d'y travailler, comme tous ses collègues. Son contrat sur l'"Eastern Planet" était le deuxième. Le premier s'était aussi mal terminé, il avait dû faire une grève de la faim pendant cinq jours pour être payé. "J'essaie un dernier contrat, et si c'est toujours pareil, je cherche un autre job", dit-il. »

LE RIO TAGUS

« Ça fait trois mois, en janvier 2011, que les marins du "Rio Tagus" sont bloqués à Sète. Ils venaient d'Egypte, la cale était pleine de billes d'urée, un composant d'engrais, et ils venaient d'essuyer une semaine de tempête. A leur arrivée à Sète, le chef mécanicien a crié "Le bateau coule !" C'était une fausse alerte, mais le bateau était en piteux état. Gyasi Ransford est l'électricien du "Rio Tagus". A bord, ils sont sept Ghanéens, deux Ukrainiens, dont le capitaine, et un Egyptien. »

« Quaico Stephen Kobina, 21 ans, a mis une veste avant de faire la photo, il y tenait. Il est OS, "ordinary seaman" (marin de base) et a été recruté pour 380 dollars par mois. Le barème international est de 1 000 dollars. »

« Immobilisé, le "Rio Tagus" a été déclaré invendable après expertise. Dans ce cas-là, la priorité est de rapatrier les marins, qui ne survivent que grâce à l'aide d'associations. »

« Aikins Stephen Sammy, un Ghanéen de 53 ans, quitte le port de Sète après quatre mois d'attente. Exceptionnellement, l'équipage ne repart pas les poches vides : les marins du "Rio Tagus" ont reçu une aide publique et des dons d'associations. Mais rien de l'armateur. »

« Le propriétaire de la cargaison, la multinationale Agrium, a été sollicité par une association d'aide aux marins, le Seamen's Club de Sète. Il avait loué un bateau poubelle, n'était-il pas lui aussi en partie responsable ? Grand prince, le groupe Agrium a versé 300 euros à chacun des marins . »

Port de la poisse

RAPIATS DES MERS

Paradis fiscaux, pavillons de complaisance, bateaux poubelles : tous les moyens sont bons pour transporter la marchandise au moindre coût sur les océans de la mondialisation. Certains armateurs se sont fait une spécialité d'exploiter les failles du système. L'histoire du «Rio Tagus» est emblématique.

Eduardo Lopez aime les filles, les affaires, le soleil et la France – dans un ordre variable. Les bateaux peut-être aussi, mais depuis peu. En juillet 2011, ce Vénézuélien âgé d'une cinquantaine d'années débarque la mine réjouie dans le sud de la France, un contrat de vente signé au Panama à la main. Il habite Miami, travaille *« dans l'import-export »*, un de ses amis vient de lui céder une compagnie nommée Zulworld pour effacer une dette. Zulworld n'a pas de bureaux mais un bateau. Enfin, presque. Une épave flottante vieille de 30 ans nommée *Rio Tagus*, lestée d'une ardoise de 300 000 dollars. Le cargo est immobilisé dans le port de Sète depuis plus d'un an.
Eduardo déchante lorsqu'il découvre un capitaine hirsute saoulé à la vodka qui menace de le tuer. Seul à bord, Aleksander Davydenko attend d'être payé depuis des lustres. Huit mois plus tôt, en octobre 2010, les autorités portuaires de Sète avaient découvert onze marins échoués sur un quai en plein milieu de la nuit. Ce soir-là, après une semaine de gros temps en mer, les marins du *Rio Tagus* accostent dans le port avec une voie d'eau. A 4 heures du matin, le chef mécanicien hurle : *« Dépêchez-vous, prenez vos affaires et vos papiers, le bateau coule ! »* Il ne coule pas, mais le *Rio Tagus* est interdit de navigation par les autorités portuaires. Le navire est immatriculé à Saint-Vincent-et-les-Grenadines, un micro-Etat des Caraïbes à la législation très souple.

« Il n'y a plus d'eau à bord »

Les marins ne sont pas payés depuis un mois – dans le meilleur des cas. Les salaires débutent à 350 dollars, trois fois moins que les standards internationaux. L'équipage menace de s'étriper. A peine le cargo immobilisé, l'armateur, le capitaine Manohar Mahajan, débarque à Sète, en provenance de Miami. Il dirige Prams Water Shipping, une compagnie chargée du *Rio Tagus* pour le compte de Zulworld, la société propriétaire. Il obtient le déchargement de la cargaison – 2700 tonnes d'urée, un composant d'engrais chimique –, promet de s'occuper des salaires et repart pour la Floride. En déchargeant le navire, les marins ont perdu leur unique moyen de pression. Prams Water Shipping et Zulworld ne verseront plus un centime. Le cargo est expertisé, il ne vaut pas assez pour déclencher une procédure judiciaire et tenter une vente aux enchères. Dans les premières semaines, l'équipage s'active pour remettre le bateau en état. Un nouveau capitaine arrive. Les impayés s'accumulent, les stocks s'épuisent. L'hiver s'installe, la température descend en dessous de 0°C. Des enfants de marins sont exclus de leur école, au Ghana, car leur père ne paie plus. Un jeune Ukrainien, étranglé par les traites de sa maison, envisage de s'en remettre à la mafia si l'argent n'arrive pas.
Après trois mois de palabres, le capitaine ukrainien, à bout de nerfs, se retourne contre son employeur: *« Au moment où je vous écris, il n'y a plus d'eau à bord, et le générateur n'est plus en mesure de refroidir. Cela signifie que le navire peut se retrouver sans électricité à tout instant. Les provisions manquent. Il ne reste que 53 dollars sur le bateau. Pour sauver des vies et préserver la santé des onze membres de l'équipage par ce temps glacial, je suis dans l'obligation de demander une assistance*

extérieure et de déclarer le Rio Tagus *en situation d'abandon* ». « *Bonne journée !*, lui répond le capitaine Mahajan. *Merci pour votre message qui a permis de bouger un peu le propriétaire. Quoi qu'il en soit, je vous demande de ne l'envoyer à personne d'autre pour le moment, cela risquerait de démolir tout le travail accompli jusqu'ici.* » La pirouette est grossière mais une fois encore, le capitaine du bateau se laisse convaincre de reprendre les pourparlers. Dans le monde de Manohar Mahajan comme dans celui d'Eduardo Lopez, les compagnies se consument aussi vite qu'elles se créent. L'armateur d'origine indienne ne se contente pas d'exploiter les navires, il est aussi propriétaire de quelques rafiots, via des compagnies offshore qui le mettent à l'abri si besoin. Le *Durga Maya*, par exemple.

Battant pavillon du Sierra Leone, vieux de 40 ans, il lui appartenait à travers une société basée au Panama. En 2010, le *Durga Maya* a été saisi par la justice brésilienne. Aux dernières nouvelles, il gît dans le delta de l'Amazone, abandonné en pleine nature. La compagnie a perdu son seul bateau, elle ne servira plus, mais Mahajan en a d'autres en réserve: Prams Oceanline, Prams Pacific Lines, Carribe Pacific Shipping... Pendant des semaines, à Sète, les marins du *Rio Tagus* restent prisonniers d'un cargo tout juste chauffé par −10°C. « *Ils ont pris du bon temps*, se défend l'armateur. *Tout ce qu'ils avaient à faire, c'est regarder le soleil et passer de bonnes soirées pendant que les salaires s'accumulaient.* » Sauf que l'équipage n'a jamais touché le jackpot virtuel.

« Pour sauver des vies, je suis dans l'obligation de demander une assistance extérieure. »

Extrait d'une lettre *du capitaine du « Rio Tagus » à son employeur*

Quand les marins seront rapatriés, plus de trois mois après leur arrivée, ce sera par le biais de l'Office français de l'immigration et l'intégration (OFII). Seul le capitaine restera à bord. Six mois et une dépression plus tard, il recevra 12 000 dollars, soit trois mois de salaire, de Zulworld. Eduardo Lopez et le capitaine Mahajan, eux, règlent leurs comptes devant les tribunaux de New York.

Qu'adviendra-t-il du *Rio Tagus* ? Avant de repartir, il doit être réparé. « *Il voguera avec un nouveau pavillon et un nouveau visage* », s'emballe le Vénézuélien, qui feint de ne pas bien comprendre l'état du bateau dont il a hérité. Plus de six mois après son acquisition, le nouveau propriétaire n'a toujours pas épongé les 300 000 dollars de dettes du navire. Mais avec le *Rio Tagus*, il s'est trouvé un pied-à-terre sur les bords de la Méditerranée. Et un passe-temps. Lors de ses séjours à Sète, il repeint lui-même le bateau, comme on retape une résidence secondaire. Le cargo pourra toujours naviguer au large de l'Inde ou de l'Afrique... •

Mathilde Boussion

POUR EN SAVOIR PLUS

L'explosion du transport maritime

Sans navires, pas d'économie mondialisée. Plus des trois quarts des marchandises échangées dans le monde transitent par la mer. Dopé par la croissance des pays d'Asie, le commerce maritime international a plus que doublé en vingt ans. Au cours des six dernières années, la flotte de porte-conteneurs a même triplé. Côté ports, c'est la Chine qui mène la danse. Près d'un quart des flux de conteneurs passe par l'un de ses ports, Shanghaï en tête. Accompagnant la croissance des échanges mondiaux, les « pavillons de complaisance » sont devenus incontournables : ils immatriculent aujourd'hui près de 70% de la flotte marchande mondiale.

Histoire de la complaisance

En langage politiquement correct, on les appelle « pavillons étrangers », par opposition aux « pavillons nationaux ». Jusque dans les

GILMAR NAZARÉ GUEDES LEAL

Propriété d'une compagnie panaméenne, le « Durga Maya », construit en 1970, est abandonné en pleine nature dans le delta de l'Amazone, au Brésil.

années 1920, pas question pour les armateurs de placer leurs bateaux sous le pavillon d'un autre Etat que le leur. Outil stratégique et politique, la marine marchande bénéficie de la protection du pays dont elle arbore le pavillon. Mais en 1925, le Panama ouvre son registre à tous les armateurs, quelle que soit leur nationalité. En y plaçant leurs bateaux, ils échappent à la législation de leur pays. Les compagnies de croisières américaines le comprennent vite: elles profitent du système pour emporter de l'alcool à bord, contournant ainsi les lois prohibitionnistes. En 1949, le Liberia ouvre à son tour ses registres. Le phénomène prend de l'ampleur avec la décolonisation et l'essor du commerce maritime. On compte aujourd'hui 32 pavillons de complaisance. Panama occupe le premier rang : il immatricule à lui seul 8 000 navires sur les 50 000 en circulation.

Le cas des vraquiers poubelles

Principal avantage des pavillons de complaisance : la fiscalité, très faible voire inexistante. Une partie des armateurs traditionnels les a adoptés pour cette raison, tout en conservant une flotte décente. Mais la complaisance offre aussi la possibilité de contourner les normes environnementales, les exigences de sécurité et, bien sûr, le droit du travail. Palme d'or des flottes hors d'âge : Saint-Vincent-et-les-Grenadines. Les vraquiers immatriculés par cette île des Caraïbes sont âgés de 29 ans en moyenne, contre 13 ans au Panama. Ce type de navire sert à transporter des marchandises en vrac, sans grande valeur ajoutée, comme le sable, les céréales ou encore les billes d'urée, comme dans le cas du *Rio Tagus*. On le retrouve fréquemment dans les cas d'abandons.

Une compagnie, un bateau

Pour attirer un maximum d'armateurs, les pavillons de complaisance se sont lancés dans une course au moins-disant. Les formalités d'enregistrement se réduisent à peau de chagrin. Une aubaine pour les armateurs peu scrupuleux qui collectionnent les compagnies en appliquant le principe suivant : une compagnie, un bateau. Le système des « single ship companies » permet de limiter les risques en cas de problème. Les bateaux concernés ne circulent généralement pas dans les ports européens, où ils risquent d'être immobilisés. Dans ce cas-là, le propriétaire de la « single ship company » préfère souvent abandonner le navire et son équipage plutôt que payer les réparations et les frais de port qui s'accumulent tant que le navire reste bloqué à quai.

Marins à quai

Entre 1995 et 2006, 541 navires abandonnés ont été recensés par l'Organisation internationale du travail (OIT). Plus de 40 % de ces abandons ont été signalés en Europe et 38 cas rien qu'en Espagne. Le phénomène apparaît dans les années 1990, avec les faillites en série de compagnies maritimes privatisées après la chute de l'URSS. Il s'atténue au début des années 2000, puis connaît un nouvel essor avec la crise économique. Les chiffres réels sont probablement bien plus élevés que les statistiques officielles. En France, 18 cas ont été recensés par l'OIT alors que d'autres décomptes font état de 45 abandons pour la même période. Beaucoup d'affaires ne sont jamais signalées. Souvent, les marins préfèrent ne pas mêler les autorités aux problèmes à bord. Dans la marine marchande règnent une hiérarchie quasi militaire et un code de conduite strict. Règle numéro 1: les difficultés se règlent en interne. Outre

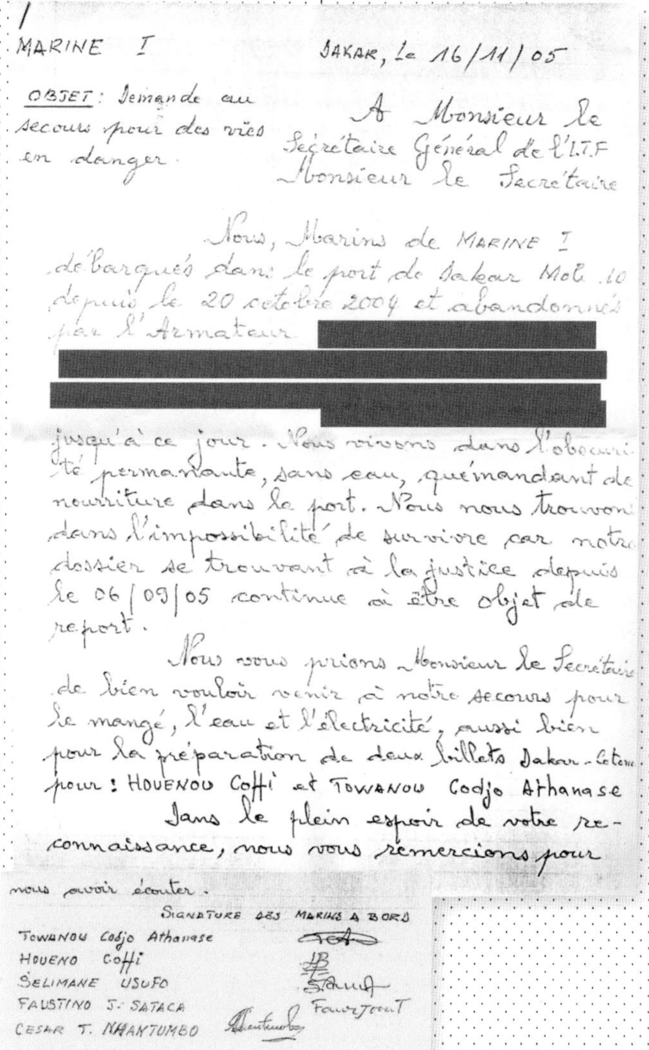
MARINE I DAKAR, le 16/11/05

OBJET : Demande au secours pour des vies en danger.

A Monsieur le Secrétaire Général de l'I.T.F

Monsieur le Secrétaire

Nous, Marins de MARINE I débarqués dans le port de Dakar Môle 10 depuis le 20 octobre 2004 et abandonnés par l'Armateur [redacted] jusqu'à ce jour. Nous vivons dans l'obscurité permanente, sans eau, quémandant de nourriture dans le port. Nous nous trouvons dans l'impossibilité de survivre car notre dossier se trouvant à la justice depuis le 06/09/05 continue à être objet de report.

Nous vous prions Monsieur le Secrétaire de bien vouloir venir à notre secours pour le mangé, l'eau et l'électricité, aussi bien pour la préparation de deux billets Dakar-Cotonou pour : HOUENOU Coffi et TOWANOU Codjo Athanase

Dans le plein espoir de votre reconnaissance, nous vous remercions pour nous avoir écouter.

SIGNATURE DES MARINS A BORD

TOWANOU Codjo Athanase

HOUENO Coffi

SELIMANE USUFO

FAUSTINO J. SATACA

CESAR T. NHANTUMBO

En 2005, l'équipage du « Marine One » appelle à l'aide. Le nom et les coordonnées de l'armateur ont été masqués.

les menaces physiques, les marins redoutent de voir leur nom inscrit sur une liste noire qui les exclurait du marché du travail.

Récupérer l'argent

Quand un armateur disparaît, obtenir de lui le rapatriement des marins ou le paiement des salaires se révèle souvent une mission impossible. La tradition voulait que l'armateur reste fidèle à ses marins en cas de difficultés, et assure leur retour au pays. Mais l'apparition des pavillons de complaisance et d'un nouveau type d'armateurs, plus financiers qu'entrepreneurs, a mis en évidence un vide dans la législation internationale. Même chose pour les salaires : peu de conventions abordent les risques d'insolvabilité de l'armateur. Lorsqu'elles existent, elles ne sont pas toujours ratifiées par les pavillons de complaisance. Tout dépend alors de l'Etat dans lequel est amarré le navire, mais il arrive que les tribunaux se déclarent incompétents. Dans le meilleur des cas, le bateau est vendu aux enchères. La procédure est longue et n'existe pas dans tous les pays. Rester sur le bateau est alors pour les marins le seul moyen de récupérer un éventuel salaire.

L'« Olga J »

C'est probablement l'un des cas les plus tragiques. En octobre 1998, l'*Olga J* – pavillon du Honduras, société enregistrée à Belize, armateur chypriote – est immobilisé en Bulgarie. A bord, sept Ghanéens, un Capverdien et leur capitaine grec. S'accrochant au navire, ils refusent le rapatriement proposé par le syndicat international ITF. Plus d'un an après, alors que le navire est toujours à quai, le capitaine abandonne l'équipage. Livrés à eux-mêmes, sans chauffage à bord, les marins en sont réduits à mendier leur nourriture auprès des bateaux de passage, jusqu'à ce que les autorités bulgares le leur interdisent. En mars 2000, l'équipage est passé à tabac par la police. Malgré une vente aux enchères, le navire ne trouve pas de repreneur. Très affaiblis, les marins seront finalement rapatriés en avril 2001, au bout de deux ans et demi. L'un des leurs, atteint d'une pneumonie, est mort entretemps. Ils déposeront une requête auprès de la Cour européenne des droits de l'homme dans l'espoir de récupérer leurs salaires. En 2008, elle a été déclarée irrecevable.

DANS LES COULISSES

Patrice Terraz vit à Marseille, *« une ville riche pour un photographe »* : le monde défile au coin de la rue. Un jour, un bateau de l'ITF a accosté. Dans la cale, la Fédération internationale des ouvriers du transport avait organisé une exposition de photos sur les marins abandonnés. Patrice Terraz est allé y voir et c'est ainsi qu'a commencé un travail qui dure maintenant depuis plus d'une décennie.
En 2001, le photographe s'intéresse au sort des marins du *Fenix* à Marseille et du *Florenz* à Sète, dans le sud de la France. Il monte à bord grâce à l'inspecteur de l'ITF basé à Marseille, discute avec ces hommes venus des quatre coins du monde et abandonnés sans un sou après des mois de travail impayés. Il a mis le doigt, il ne lâchera pas : grâce aux liens qu'il a tissés avec les inspecteurs de l'ITF, il continue à Istanbul, Algesiras, Dakar...
Le sort de ces hommes le touche, alors il témoigne. *« Je me pose toujours la question de savoir si ça sert à quelque chose, mais ce qui est sûr c'est que si on ne fait rien, rien ne changera »*, dit-il. Le commerce maritime est au cœur de la mondialisation et de notre quotidien : *« De nos télés, au sucre qu'on met dans notre café, tout arrive par là. »* Or *« les rouages du système sont pourris »*. *« On n'est pas obligé de traiter les marins comme ça ! »*, s'insurge le photographe.

LES FRÈRES

En Allemagne, ils font partie du paysage. De chantier en chantier, les compagnons parcourent le pays, comme au Moyen Age. **Claudius Schulze** *les a suivis jour et nuit.*

DE LA ROUTE

« Florian Wagner est compagnon en Allemagne depuis deux ans. Ce jour-là, il est en Suisse, à Gelfingen, un village près de Lucerne. Il est reçu chez les parents de Christian Schryber, qui va intégrer sa confrérie, les "Rolandsbrüder", les "frères de Roland". Le père, la mère et la sœur de Christian s'apprêtent à le voir partir pour au moins trois ans. »

« Une vingtaine de compagnons sont venus d'Allemagne pour fêter le départ de Christian. Ils sont charpentiers : ils sont habillés en noir. Florian, qui travaille la pierre, l'est en beige. En Allemagne, on les voit partout. On reconnaît les différentes confréries à la couleur des cravates. Celles des "frères de Roland" sont bleues. »

« La nuit a été courte. A la veille de la cérémonie de départ, les amis, la famille et les futurs confrères de Christian ont fait une grande fête, la bière a coulé à flots. Les compagnons vont se baigner, certains d'entre eux ont dormi au bord du lac. »

« Christian fait ses adieux à sa petite amie. Dans les trois années à venir, ils ne pourront se voir qu'à au moins 50 kilomètres d'ici. Chaque compagnon part avec sa carte, sur laquelle est tracé un cercle. Au centre, la maison familiale. Interdiction de remettre les pieds dans ce cercle, sauf cas de force majeure ! Florian, originaire de Landshut, un village près de Munich, n'est retourné qu'une fois chez lui en deux ans, pour l'enterrement d'un ami proche.»

« Il y a beaucoup de règles secrètes, je n'ai pas pu photographier certains rituels, ni même les voir. »

« Chaque départ donne lieu à une cérémonie organisée symboliquement au pied de la pancarte du village. La famille, les amis, les voisins restent d'un côté ; les compagnons de l'autre, vers la route. Christian a réussi à grimper sur la pancarte malgré les bouteilles de schnaps qui, selon le rituel, doivent être vidées sur place. »

*« Christian va passer quelques semaines
sur la route avec Florian, son chaperon. Il veut
rejoindre un ami dans le nord de l'Allemagne.
Pendant trois ans, il devra trouver du travail
à droite à gauche, sans jamais rester plus
de trois mois au même endroit. »*

« Prendre le train serait mal vu, ce serait un signe de paresse. »

« Quand ils passent à la gare, c'est juste pour profiter du souterrain qui permet de traverser les voies. Les déplacements se font en général en auto-stop. La première nuit, ils ont dormi dans leur sac de couchage sous le préau d'une école. Moi aussi d'ailleurs, et je peux vous dire que le sol était dur. »

« A Saint-Gall, en Suisse, il y a une très belle église. Florian a voulu voir l'intérieur. »

« Chaque fois qu'ils arrivent dans une ville où ils vont rester plusieurs jours, ils se font enregistrer à la mairie. Cette règle date du Moyen-Age. A l'époque où les routes étaient infestées de criminels, c'était un moyen de se protéger. Chaque compagnon a un journal de bord qu'il fait viser par l'administration. »

« Les compagnons sont supposés quitter leur domicile avec 5 euros et revenir trois ans plus tard avec 5 euros. En réalité, pour ne pas partir les mains vides, ils vendent leurs affaires personnelles aux enchères le jour de la fête de départ. Après, ils doivent vivre de leur travail. »

« Christian et Florian viennent de traverser le lac de Constance. Christian ne porte pas de cravate pour l'instant parce qu'il est novice. L'"ancien" est là pour transmettre les traditions au "nouveau". »

« Christian est content de sa vie vagabonde. Il n'a pas de toit, pas de revenus fixes, mais il est libre. »

« Neuf mois plus tard, j'ai retrouvé Christian à Hambourg, dans le nord de l'Allemagne. On s'était donné rendez-vous dans un pub, je lui avais envoyé un courriel. Les compagnons n'ont pas le droit d'utiliser un téléphone portable, mais ils se servent d'Internet dans les cybercafés. Ce soir-là, Christian assiste à l'entraînement du FC Sankt Pauli, une des deux grandes équipes de football de Hambourg. Depuis son départ, il a travaillé quelques mois puis il a repris la route. »

« Christian vient de passer la nuit dans un établissement appartenant à sa confrérie. Parfois, il dort à l'hôtel : il demande s'il y a une chambre inoccupée. La règle veut qu'il ne débourse rien, ni pour se loger, ni pour se déplacer. Il lui arrive aussi de se faire héberger chez les gens qu'il rencontre dans les cafés. »

« C'est le jour du départ pour Kay-Henning Kruse, 20 ans : selon la tradition, le jeune charpentier raccroche son téléphone mobile pour trois ans. Il veut "voir le monde", quitter Gleschendorf, son village, dans le nord de l'Allemagne. »

« Encore une tradition. Pendant la cérémonie qui a lieu à la sortie du village, Kay-Henning creuse un trou dans le sol. A son retour, il y retrouvera deux bouteilles. Une pleine de schnaps, l'autre remplie de lettres à son intention. Sa famille, ses confrères, ses copains vont les glisser à l'intérieur après avoir bu le contenu. »

« Kay-Henning s'est fait faire un uniforme qu'il sera obligé de porter en permanence dans les trois années à venir. Les six boutons de la veste représentent les six jours de travail de la semaine. A l'époque de la semaine de sept jours, les compagnons revendiquaient un jour de repos. »

« Comme ils sont spécialisés, les compagnons n'ont pas de mal à trouver du travail – s'ils en veulent, ce qui n'est pas toujours le cas. »

« Une entreprise qui rénove un vieux château a fait appel à plusieurs compagnons. Ils viennent d'arriver sur le chantier après avoir chargé un camion de bois, à une centaine de kilomètres. »

« Malgré les apparences, les compagnons sont très modernes. Ils sont flexibles et mobiles, deux qualités appréciées dans le monde du travail. »

« Lui est charpentier, il travaille sur le toit du château. Il continue à aller de chantier en chantier alors que ses trois années de vagabondage sont terminées. Le retour à la vie sédentaire est difficile. »

« Chaque 1er mai, les membres de la confrérie se retrouvent pour une fête. Tout le monde est censé venir, sauf évidemment si ça a lieu dans le “cercle interdit”. Cette fois, c'est près de Stuttgart. »

« La fête est ouverte aux amis. La jeune fille qui est là est tailleuse, elle appartient à une autre confrérie qui, elle, est mixte. Ce jour-là, les quelques dizaines de "cravates bleues" qui parcourent l'Allemagne sont présentes. Je suis le seul sans uniforme. »

WESLEY ET MARIUS, CHEMIN FAISANT

***Marius**, 33 ans, est allemand. Menuisier, il est sur la route depuis quatre ans. **Wesley**, 28 ans, est français. Tailleur de pierre, il fait en Allemagne ce qu'il a déjà accompli en France, le tour du pays. Cette nuit-là, à Erfurt, ils cherchent un toit.*

La veille au soir, ils avaient voulu dormir à Bamberg, au centre de l'Allemagne. Avec les aléas de l'auto-stop, ils s'étaient retrouvés à Weimar. Au petit matin, il y avait du vent, un camion s'était retourné sur l'A73, alors... Alors ce fut Erfurt, 200 kilomètres plus haut. Ils racontent ça en rigolant autour d'une bière et d'un petit schnaps. En fait, c'est Wesley qui raconte, et Marius qui écoute en souriant, l'air de celui qui en a vu d'autres. Lui, ça fait quatre ans qu'il est sur la route. Des histoires de stop, il en a plein la caboche.

Wesley est français et il est compagnon tailleur de pierre. Ou presque. On s'y perd, mais on comprend qu'à 28 ans, après un tour de France, il n'avait pas envie de s'installer à La Rochelle – son dernier chantier – dans une bicoque avec vue sur la mer. Il tenait à reprendre le large avec des Allemands, les « Wandergesellen » – littéralement, « compagnons en chemin ». Parce qu'outre-Rhin, on a une vision bien différente du « tour ».

En France, le voyage est une manière de mieux apprendre son métier. De ville en ville, de contrat en contrat, on intègre une élite, le top du top des ouvriers qualifiés. En Allemagne, on voyage pour voyager. Pour faire connaissance avec soi bien plus qu'avec un savoir-faire. Wesley convoitait ce « road trip » initiatique. Il dit qu'il est dyslexique, qu'il sait à peine lire et que si on lui offre *6Mois*, ça finira dans la cheminée. Mais il force l'admiration tant son allemand, appris pour l'occasion, est fluide.

Formules magiques

Ce soir-là, ça fait un mois pile qu'il porte le costume traditionnel des Wandergesellen. Il parade mais Marius, son « parrain » menuisier, le reprend un brin sèchement : *« Même moi, au bout de quatre ans, je ne sais toujours rien. »* Le plus jeune a encore beaucoup à apprendre. Il lui manque tous ces discours ancestraux écrits nulle part et qu'il faut apprendre par cœur, ces formules magiques qui ouvrent les portes autant qu'elles servent de signes de reconnaissance. Quand ils sortent du bar, au beau milieu de la nuit, Wesley et Marius ne savent toujours pas où dormir.

Ils errent dans cette ville amorphe, Erfurt, qu'ils voient pour la première fois. Un taxi leur indique *« eine Kneipe »*, un bistrot encore ouvert. Pas pour boire un dernier verre, mais en général ils parviennent à se faire prêter un bout de canapé par un généreux quidam qui, lui non plus, n'a pas vu le temps passer. Le bar est fermé, alors ils marchent encore. Wesley se rappelle des heures plus glorieuses : *« Une fois, on est rentrés dans un bar, et on s'est fait inviter tout de suite. On s'est regardés et on a dit : "Pfff, trop facile !" »* Alors ils ont galéré encore un peu, jusqu'à ce qu'on leur propose un lit à la saveur plus triomphale. *« De toute façon, on a toujours un plan B. B comme "Bridge". »*, glisse Marius, le coude bravache.

Devant un hôtel, ils décident de tenter le coup : les compagnons n'ont pas le droit de payer pour dormir au chaud mais il arrive que des établissements offrent l'hospitalité. Cette nuit-là, la réceptionniste est bien lunée. Ils récitent une de ces formules séculaires qui se transmet de génération en génération, mélange de vieil allemand et de langage créé de toutes pièces. L'hôtelière plisse les yeux, la scène est à la fois cocasse et terriblement mystérieuse. Un coup de canne sur le sol, un sourire, et ils montent.

S'ensuit une sorte d'euphorie à l'idée de dormir dans un vrai lit. Ils rigolent en découvrant des bains moussants, miment une épopée sous-marine,

un slalom homérique entre les bulles de savon. Et puis Marius, toujours prompt au recadrage, explique qu'il n'a pas choisi d'être Wandergeselle pour se faire offrir une nuit à l'hôtel. Qu'il préfère dormir chez les gens, au hasard des rencontres. Que c'est au contact de *« l'Autre »* qu'on apprend à se connaître soi-même. Wesley acquiesce.
Le lendemain matin (ou plutôt midi), ils se réveillent sans autre objectif que celui de prendre la route. Ils avalent une bière, un petit-déjeuner, et récupèrent leurs chapeaux. Le couvre-chef évolue au cours du voyage. Celui de Wesley est large à bords plats, car le Français, novice, pense encore que la Terre est plate. Quand il aura assez voyagé pour savoir qu'elle est ronde, il passera au chapeau melon. Marius, lui, est assez mûr pour porter le haut-de-forme, le chapeau des séducteurs.
La destination du jour, c'est Neustadt, 200 kilomètres plus à l'ouest. Chaque Wandergeselle organise son tour à sa manière. Certains écument les villages aux noms bizarres, pour le plaisir de se prendre en photo devant la pancarte. Marius, lui, se lance des petits défis – il sait par exemple qu'il doit être à Hambourg la semaine prochaine, il a rendez-vous chez le dentiste : *« Je me dis : "Allez, file au nord, le plus au nord possible." Ou : "Va faire réparer ton pantalon chez la meilleure couturière d'Allemagne". Ou : "Cette fois tu n'y échapperas pas, va trouver du travail." »* Ça arrive parfois : il dit avoir travaillé deux ans sur quatre.

Autogestion débridée

Wesley, lui, se voit déjà en Inde, ce pays qui lui a donné envie de devenir tailleur de pierre. Il y connaît un compagnon français, un maçon. *« Je sais déjà où dormir »*, sourit-il. *« Boring ! »* (« Ennuyeux »), raille Marius.
Quand il était ado et qu'il n'était pas en vadrouille avec sa mère à travers le monde, Wesley faisait l'école buissonnière dans une crêperie de la banlieue parisienne. Le type qui le laissait faire la vaisselle contre un repas chaud, puisque c'est comme ça que Wesley présente l'affaire, avait voulu être compagnon, mais il était trop vieux pour le tour de France : *« Il m'a toujours raconté que c'était son rêve. C'est peut-être pour ça que j'ai commencé à y croire aussi. »*
En décembre 2011, Wesley a fêté pour la première fois son anniversaire sur la route. Le meilleur. Il logeait chez des inconnus avec Marius et avant de s'endormir, les deux pieds dans le duvet, ils ont ouvert un pineau des Charentes : *« Un dix ans d'âge. Un truc que je trimballais depuis trois ans. J'attendais une grande occasion. »*
Pour Marius, 33 ans, la vocation est venue plus tard. Il avait une maison, un travail, et entre les deux, un trajet d'une routine insupportable. Il lui arrivait de faire un crochet d'une heure, *« juste pour ne plus voir ce même bitume et ces mêmes arbres tous les jours »*. Une rencontre avec des Wandergesellen l'a sauvé de l'embourgeoisement.
Arrivés à Neustadt, les deux compères retrouvent une maison de compagnons, un lieu prêté par la mairie où ils vivent dans une sorte d'autogestion débridée. Il y a là un charpentier et un tailleur de pierre, affalés sur le canapé devant un film hollywoodien mal doublé. Morne ambiance. Wesley et Marius se promettent de repartir dès le lendemain matin. La route les appelle, les aspire. Ils ont déjà en bouche le fameux *« Fixe Tippelei ! »* qui ponctue leurs départs. « Bonne route ! », dans leur drôle de langue •

Marion Quillard

POUR EN SAVOIR PLUS

Une tradition née au Moyen Age

Les premiers indices de l'existence du compagnonnage apparaissent aussi bien en France qu'en Allemagne au XIIIe siècle. Le temps des cathédrales est propice à la circulation des ouvriers. Les artisans se mettent en route avec les journaliers, les soldats, les bateleurs et les mendiants. En France, ils échappent ainsi à un système corporatiste qu'ils estiment sclérosé : à partir du XVe siècle, les boutiques se transmettent de père en fils et les compagnons (« ceux qui partagent le pain ») parviennent rarement à devenir maîtres. Le « tour » naît de cette frustration. Il devient vite un moyen d'émancipation, et donc de contestation (les grèves sont légendaires). Le compagnonnage s'épanouit à travers les siècles dans une semi-clandestinité. Des guildes existent ailleurs en Europe, mais, selon les historiens, seuls les ouvriers français et allemands développent ces rites secrets qui caractérisent les sociétés compagnonniques.

IM/KHARBINE-TAPABOR

Illustration pour un protège-cahier vers 1890.

Au début du XIXe siècle, à son apogée, le mouvement français compte plus de 200 000 membres.

Le tournant de la Révolution industrielle

Avec l'arrivée du chemin de fer, au XIXe siècle, la Révolution industrielle condamne une certaine idée du tour, faite de kilomètres d'échanges et de transmission sur les routes de campagne. Ses principes (division du travail, spécialisation excessive, triomphe du machinisme…) sont étrangers aux compagnons. C'est la victoire de l'usine sur l'atelier, de la France urbaine sur la France rurale. Les syndicats, autorisés en France à partir de 1884, supplantent la solidarité compagnonnique. La seconde guerre mondiale porte un coup fatal au mouvement : les « Wandergesellen » allemands sont interdits par le régime nazi puis par le régime communiste en Allemagne de l'Est. Au début des années 1950, les compagnons français ne sont plus qu'un millier environ.

Les Wandergesellen

Difficile de connaître précisément le nombre de compagnons allemands. Ils seraient entre 500 et 700 sur la route chaque année, dispersés dans cinq confréries principales, qui se reconnaissent à la couleur de la cravate. La plus importante est la Société des honnêtes étrangers charpentiers et couvreurs. D'autres confréries, nées dans les années 1980, gravitent autour de ce noyau traditionnel. On trouve des Wandergesellen dans toute la zone de l'ancien Empire romain germanique, en Suisse et en Autriche notamment. Les règles pour acquérir ce statut dépendent des sociétés, mais il suffit souvent d'avoir un parrain et

CHIARA DAZI

Une Wandergesellin se fait couper les cheveux par ses consœurs.

moins de 30 ans. Le tour doit durer au minimum trois ans et un jour.

Les compagnons français

L'historien François Icher définit le compagnonnage comme *« une association regroupant des hommes et des femmes de métier qui, par le voyage organisé au sein d'une communauté fraternelle, ont fait le choix d'apprendre puis d'approfondir un métier dit manuel (...) pour se consacrer ensuite à la transmission des savoirs acquis durant ce tour de France formateur »*. Une centaine de professions sont représentées (y compris les dentistes), mais les métiers traditionnels sont ceux du bâtiment, du cuir, du textile et de la bouche. Le compagnonnage concerne environ 45 000 personnes dont un millier environ seraient itinérantes – l'absence de statistiques officielles rend difficile toute estimation. Les Français se distinguent moins que les Allemands par leurs insignes, car ils ne dépendent pas de la solidarité pour être logés et nourris : ils ont moins besoin d'être identifiés. Le compagnonnage français est moins « marginal » : il est par exemple intégré au système officiel de formation, deux des trois sociétés proposant des formations diplômantes comme le CAP. Mais les confréries perpétuent un mode original de transmission inscrit depuis 2010 au patrimoine culturel immatériel de l'Unesco.

Les femmes et le compagnonnage

En Allemagne, il a fallu attendre les années 1980 pour que les femmes soient acceptées dans ce milieu très masculin. Deux sociétés mixtes sont créées, les Axt & Kelle (Hache et truelle) et les Freien Begegnungsschacht (mot à mot, « le puit de rencontres libres »). Elles accueillent de nouveaux métiers, tels que peintre sur verre ou brodeuse. Certains estiment que 10 % des Wandergesellen actuellement sur le « tour » sont des femmes. La France ne comble son retard qu'en 2004 : l'une des trois sociétés françaises, l'Association ouvrière des compagnons du devoir, s'ouvre enfin aux femmes artisans.

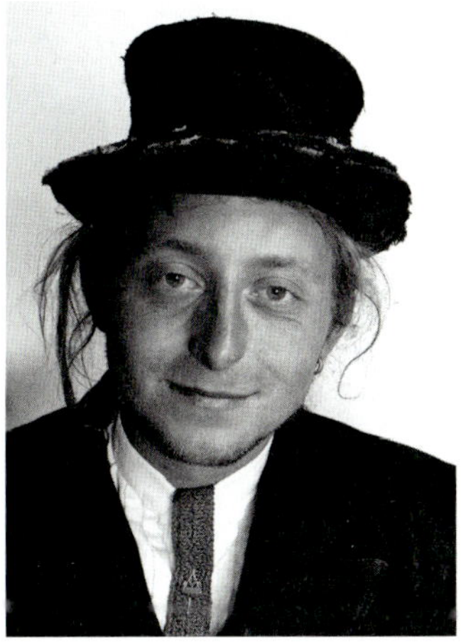

CLAUDIUS SCHULZE

DANS LES COULISSES

Né en Allemagne, le photographe Claudius Schulze a grandi dans un pays où les compagnons font partie du quotidien. Vu de Londres, où il faisait des études de photographie, ce monde *« intrigant »* lui a semblé exotique. Il est allé, un 1er mai, au rassemblement annuel des « Frères de Roland » près de Stuttgart afin d'établir des contacts et a immédiatement sympathisé avec les membres de la confrérie.
Le photographe a assisté à deux départs de novices. Il a marché avec eux, fait de l'auto-stop avec eux, s'est brossé les dents avec eux dans des toilettes publiques après des nuits à la dure. Pendant une année, il les a retrouvés pour quelques jours, à un bout ou à un autre de l'Allemagne. Non sans mal : comment fixer un rendez-vous à une personne mobile dépourvue de téléphone ? Un jour, il a rencontré l'un des deux par hasard, attablé à une terrasse de café à Munich avec sa petite amie « abandonnée » au moment du départ. Grand, blond, le jeune Claudius Schulze (il a 27 ans) pourrait être l'un des leurs. Il les trouve *« terriblement modernes »*, vante leur mobilité et leur flexibilité. Des caractéristiques qui sont aussi celles du photojournaliste. Les compagnons, eux, ont *« le romantisme »* en plus. *« C'est très allemand, non ? »*

LE MONDE DE... *Evguenia Arbougaïeva*

LA PETITE FILLE DE SIBÉRIE

Ses six premières années dans le Grand Nord russe l'ont marquée à jamais. Installée à New York, la photographe Evguenia Arbougaïeva est partie à la recherche de ses souvenirs d'enfance. Une plongée onirique dans le passé, réussie grâce à Tania, 12 ans.

*« C'est la période de Noël, le jour de "koliada", un rituel russe.
Tania et son ami Pasha se sont déguisés et font
du porte-à-porte dans le village, en récitant des poèmes
ou en chantant. Ils reçoivent des friandises en échange. »*

Revenir à Tiksi, Evguenia Arbougaïeva en rêvait depuis près de vingt ans. L'arrachement avait été si douloureux, pour cette enfant de la toundra, née en 1985, à l'arrivée de Mikhaïl Gorbatchev à la tête de l'URSS… Après six ans de bonheur dans les neiges éclatantes du Grand Nord, la petite fille doit quitter en 1991 cette bourgade sibérienne de Yakoutie où vit une importante communauté de scientifiques.
Ses parents, des professeurs *« incroyablement romantiques »*, renoncent à leur rêve d'aventure, tandis que le système soviétique s'effondre. Comme des milliers d'autres, ils se replient sur Iakoutsk, la capitale de la Yakoutie, grise et sans charme. *« C'était très dur, j'avais perdu tous mes amis. J'avais surtout perdu la toundra, cette immensité qui me servait de terrain de jeu, ce royaume où je me sentais si libre »*, raconte la photographe de 26 ans, devenue new-yorkaise. Loin de Tiksi, Evguenia fait des études de management en Russie, puis d'anglais dans un collège du Connecticut, aux Etats-Unis, et enfin le prestigieux International Center of Photography à New York. Mais les lumières de Big Apple n'ont pas effacé le souvenir du Grand Nord et de ses sensations *« violentes »*, *« irremplaçables »*. *« J'avais besoin de revoir ce blanc total qui vous enveloppe quand le ciel se confond avec la terre »*, explique ce petit bout de fille au visage rond et au nez retroussé, dont les yeux noirs en amande trahissent des origines bouriates par son père et yakoutes par sa mère.
Quand elle débarque à Tiksi pour un premier repérage, le choc est rude. Partie d'une ville de 25 000 habitants, Evguenia retrouve un gros village déglingué, où ne vivent plus que quelque 2 500 durs à cuire. Les magasins ont disparu, l'école s'est vidée, les immeubles décrépits sont calfeutrés avec du carton et du papier journal… De retour à New York, une seule photo trouve grâce à ses yeux. Celle de Tania, une petite fille prise de dos, s'amusant à lancer des pierres dans un lac. *« Je me suis dit : il faut que je retrouve Tania. »*
Evguenia part à Tiksi une deuxième fois, puis une troisième. Elle s'installe plusieurs semaines, noue le contact avec Tania et ses parents, des professeurs, comme les siens, découvre avec émotion leur intérieur, avec les mêmes bibliothèques vitrées, les mêmes tapis, le même kitsch soviétique que jadis dans le sien. Tania, âgée de 12 ans, a les mêmes jeux, les mêmes lieux fétiches.
Son grand-père, un médecin, a assisté la mère d'Evguenia à la naissance de la photographe ! Une amitié naît, la grande fille et la petite courent ensemble dans la toundra, font des parties de glissade sur la colline qu'Evguenia croyait être seule à connaître, écoutent *« le doux craquement des glaces »*, admirent la lumière verte des aurores boréales.
Et comme Tania a confié à Evguenia qu'elle allait quitter Tiksi à son tour, la photographe lui concocte l'album de son enfance qu'elle-même rêverait d'avoir. *« A travers Tania, j'ai retrouvé le monde que j'avais perdu, la magie du Grand Nord que je n'arrivais plus à voir. Les enfants n'ont pas le même regard que les adultes. Ils ne voient pas la pauvreté de la même manière »*, explique Evguenia, impressionnée par la bonne éducation de la petite fille, loin de l'abondance des grandes villes, et sa passion pour le commandant Cousteau dont elle a lu tous les livres et adopté le bonnet rouge… Pleines de la poésie et de la blancheur du Grand Nord, les photos nées de ce regard porté sur Tania et, à travers elle, sur Tiksi, sont empreintes de gaîté malgré la rudesse des lieux. La misère des murs écaillés n'est pas morbide car elle abrite les divertissements de Tania. *« La cour d'un immeuble dont les fenêtres sont recouvertes de carton, c'est déprimant, mais cela ne l'a jamais été pour moi, car c'était là que je jouais. Mon père m'envoyait mon déjeuner par la voie des airs à l'aide d'un petit parachute qu'il avait confectionné… C'était magique ! »*, se souvient Evguenia.
Même le *« bain russe »* de l'oncle Vania Kouprine, photographié par la jeune femme, n'a rien de sinistre, malgré son confort plus que rudimentaire. Sans doute parce qu'Evguenia est émerveillée par ce personnage romanesque qui trouve le temps d'écrire de la philosophie et des guides d'éducation pour enfants, dans un journal local qui n'a plus de lecteurs… *« Il écrit pour le plaisir de l'âme, n'est-ce pas unique ? Où ferait-on une chose pareille ? »*, s'enthousiasme-t-elle, persuadée que le misérabilisme des photographes occidentaux sur la Russie ne rend pas compte de l'incroyable richesse intérieure de son pays. *« Derrière les clichés*, dit Evguenia, *il y a tout un monde »* •

Laure Mandeville

« Jour de tempête. Tania, sa sœur Olga et leur chat Sima restent à la maison toute la journée. »

« Tiksi en février. »

« L'oncle Vania est très fier de son "bania" (bain russe), qu'il a construit au bord de la mer. Il y vient souvent pour prendre un bain, réfléchir à la vie et écrire ses livres de philosophie. »

« Tania revient au village après une longue marche dans la toundra. »

« Les cours viennent de se terminer, les enfants jouent au loup. »

« Un paysage lunaire, ou une aire de jeux, pendant la nuit polaire. »

« Tania imagine ses futures explorations et comment, un jour, elle deviendra un commandant Cousteau. »

« Un astronaute sur Neptune, ou Tania derrière son masque. Les enfants de Tiksi portent ce genre de masque pendant les tempêtes pour se protéger de la morsure du froid. »

*« L'atterrissage du vaisseau spatial,
ou un vieux phare dans le blizzard. »*

« Une aurore boréale traverse le village pendant la nuit. Quand Tania écoute attentivement, elle peut avoir la chance d'entendre des craquements sourds. »

« Tania joue une scène du film "Titanic" à l'endroit qu'elle appelle le "cimetière des vieux bateaux". »

PHOTOBIOGRAPHIE

ELIZABETH II, LE RÔLE DE SA VIE

Son destin était celui d'une princesse, pas d'une reine. Un accident de l'Histoire en a décidé autrement. Icône anachronique et populaire, Elizabeth II a fait de sa vie un péplum. A l'anglaise.

Par Denis Hiault

AFP

Londres, 1972. *Sa Majesté incarne l'unité du Commonwealth, l'ex-Empire, constitué aujourd'hui de 54 Etats.*

PRESS ASSOCIATION IMAGES

Le 21 avril 1926, Elizabeth Windsor, l'épouse d'Albert, fils cadet du roi George V, donne naissance à Elizabeth. L'oncle de la petite fille, le prince Edward, devrait hériter de la couronne. Il y renoncera après un an de règne.

1926

21 avril

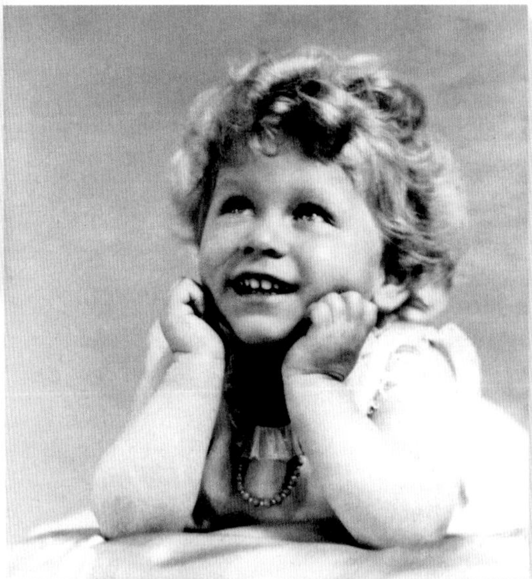

ADAMS MARCUS / CAMERAPRESS / GAMMA RAPHO

Un matin, le chambellan du roi croise « Lilibet » dans les couloirs et lui adresse un gentil « Bonjour, ma petite dame. » Elle lui répond, offusquée : « Je ne suis pas une petite dame, je suis la princesse Elizabeth. »

1928

GETTY IMAGES

Elizabeth a 6 ans et déjà un port royal. Sa grand-mère Mary lui donne depuis peu des leçons de « cérémonies officielles ». La princesse est impatiente de se montrer en public.

1932

C'est tout un monde qui menace de s'effondrer tel un château de cartes, où les rois ne seront pas davantage épargnés que les valets. On a beau se rassurer en répétant que la première guerre mondiale sera aussi « la der des der », que l'Angleterre de Dickens, avec son cortège de misères industrielles, appartient au passé, la réalité est que la grande dépression se profile, et que le crépuscule pointe dans l'Empire britannique *« sur lequel le soleil jamais ne se couche »*.

Au regard d'un tel maelström, l'avènement d'Elizabeth Alexandra Mary Windsor, le 21 avril 1926, dans une demeure bourgeoise de Londres, fait figure d'événement secondaire. D'autant que sur le papier vélin du Gotha, l'enfant figure en troisième position dans l'ordre de succession au trône. Son grand-père, George V, surnommé *« le bouledogue en uniforme »*, a deux fils. Le cadet, Albert, père d'Elizabeth, est son préféré, mais, introverti au point d'en bégayer, il n'a ni la perspective ni l'ambition de régner. C'est à l'aîné, Edward, dandy impénitent, que le destin tend les bras. Il dirigera la maison des Windsor, un nom d'emprunt qui remplace depuis 1917 l'appellation familiale d'origine – « de Saxe-Cobourg-Gotha » – à la consonance fâcheusement germanique.

« Lilibet », boucles blondes et sourire volontiers canaille, partage sa vie de château entre Londres, Windsor et l'Ecosse. Sa mère, Elizabeth Angela Marguerite Bowes-Lyon, quatrième fille du quatorzième comte de Strathmore, est un pur produit de la petite aristocratie écossaise, point trop regardante sur l'instruction d'Elizabeth et de sa sœur Margaret, vouées comme toutes les âmes bien nées au mariage et à la maternité. Les princesses seront gratifiées de cours de maintien, de notions de musique

POPPERFOTO / GETTY IMAGES

GETTY IMAGES

POPPERFOTO / GETTY IMAGES

En 1937, le couronnement d'Albert, devenu le roi George VI suite au désistement de son frère Edward, fait d'Elizabeth l'héritière directe du trône. La fillette, au premier plan sur le balcon, maîtrise déjà le geste de la main qu'elle gardera toute sa vie.

1937
12 mai

De quatre ans la cadette d'Elizabeth, Margaret est moins disciplinée que sa sœur. Certains racontent qu'elle prenait un malin plaisir à jeter du tapioca dans le bain de son aînée ou à chatouiller les pieds des invités.

1937

Elizabeth et Margaret grandissent sous le regard attentif d'une mère à la fois douce et autoritaire.

1940

et de français. Plus tard s'ensuivront pour l'aînée des rudiments d'histoire et de droit constitutionnel dispensés par des précepteurs. D'un naturel autoritaire mais plutôt jovial, Lilibet est la seule qui parvienne à dérider « le bouledogue ». L'archevêque de Canterbury le surprendra un jour à quatre pattes, chevauché par sa petite-fille âgée de 4 ans.

La fin de l'innocence

Elle en a 10 quand s'éteint son grand-père. L'heure d'Edward VIII a sonné. Mais le monarque est éperdument amoureux d'une Américaine deux fois divorcée. L'Eglise anglicane, dont il est devenu le chef, est intraitable sur l'indissolubilité des liens du mariage. Il doit choisir entre son devoir et Mrs Wallis Simpson. L'affaire paraît entendue : depuis Egbert de Wessex, un roi meurt en service, à la rigueur en exil. Abdiquer ? Jamais ! Et pourtant... Le choix d'Edward précipite la monarchie dans la pire crise de son histoire millénaire. Son frère Albert devient souverain malgré lui, sous le nom de George VI. Sur la photo de famille, Elizabeth, qui étrenne une mini-couronne, regarde bien droit l'objectif, avec un reste de sourire enfantin. C'en est pourtant fini de l'innocence. A défaut d'avoir un jeune frère qui lui aurait brûlé la politesse en vertu de la loi sur la primogéniture masculine, elle est sur orbite royale. Le palais de Buckingham, avec ses 775 salles en stuc et lapis-lazuli, ces ancêtres qui vous toisent du haut de leurs cadres et ces kilomètres de couloirs glacés, impressionne la fillette : *« C'est pour toujours ? »*, s'inquiète-t-elle auprès de sa gouvernante.
La seconde guerre mondiale sépare le clan. George VI et la « reine-mère » refusent l'exil au Canada afin de rester auprès des Londoniens, sous les bombes de la Luftwaffe, dans l'enfer du Blitz. Les deux princesses sont

GETTY IMAGES

A 14 ans, la princesse prononce sa première allocution radiophonique, le 10 octobre 1940. Elle demande aux enfants du Royaume de soutenir les « vaillants soldats ». Pendant la seconde guerre mondiale, Elizabeth et Margaret sont éloignées de la capitale, cible des bombardements allemands.

1940
10 octobre

PRESS ASSOCIATION IMAGES

Depuis sa plus tendre enfance, des corgis l'accompagnent. Elle les nourrit elle-même. Cabotins et nerveux, ils seront suivis plus tard par un psychiatre canin.

1947

GETTY IMAGES

Elizabeth épouse à 21 ans, à l'abbaye de Westminster, son lointain cousin Philip Mountbatten. Lors de leur première rencontre, elle avait 13 ans, lui 18. Il lui avait fait forte impression pendant une partie de tennis. Dans la vie publique, il s'efface derrière sa femme ; dans le privé, il est le chef de famille.

1947

mises en sécurité avec les joyaux de la Couronne au château de Windsor, transformé en camp retranché.
La participation de la future reine à l'effort de guerre se limite à un message radiodiffusé. Elle a 14 ans. Sa voix est enjouée quand elle exhorte les enfants du Royaume « *à aider autant que faire se peut les vaillants marins, soldats, aviateurs* ».
L'adolescente multiplie les visites officielles au nom de « la firme » ainsi que son père désigne la famille régnante. A 18 ans, elle reçoit en présent Susan. Au royaume des amis des animaux, la nouvelle est d'importance. La chienne naine au pedigree gallois irréprochable est à l'origine d'une lignée de corgis qui trottinent depuis lors dans tous les palais, sans protocole.

Le roi est mort, vive la reine !

La deuxième naissance d'Elizabeth est plus solennelle. La scène se passe au Cap, en Afrique du Sud, à l'occasion de ses 21 ans. De sa voix juvénile un rien nasillarde, elle adresse ce serment aux intonations sacrificielles sur les ondes grésillantes de la BBC : « *Je déclare devant vous tous que je consacrerai toute ma vie, qu'elle soit longue ou brève, à votre service et au service de la grande famille impériale dont nous faisons tous partie.* » Tout est dit. Le devoir-roi constituera la marque de fabrique de son règne. Comme s'il s'agissait de réparer le crime de lèse-monarchie de son oncle Edward. Le 20 novembre de cette même année 1947, elle épouse Philip Mountbatten, un lointain cousin. Philip de Grèce et du Danemark a été exfiltré de Corfou dans un carton à oranges à l'âge de 1 an, quand fut proclamée la deuxième république hellénique. Son enfance a été chaotique, son adolescence en pensionnats spartiate. Le caractère bien trempé, il rayonne dans son uniforme de héros de

GETTY IMAGES

PRESS ASSOCIATION IMAGES

GETTY IMAGES

Un premier garçon, Charles, naît en 1948. Suivront Ann, la seule fille de la fratrie, puis Andrew et Edward.

1949

Le petit Charles, surnommé « Plum Pudding » par ses parents du fait de ses grosses joues, adore les animaux. Il monte très tôt son premier poney, baptisé William.

1952

la Royal Navy, blond, élancé, et sans le sou. Pour Elizabeth, il va abandonner sa carrière navale, ses anciens titres nobiliaires et sa religion orthodoxe… mais pas complètement ses admiratrices, susurrent les rares chroniqueurs royaux à braver l'omerta.

La robe de satin brodée de la mariée, inspirée d'une toile de Botticelli, fait rêver l'Angleterre en proie aux rationnements et sous le choc de l'indépendance de l'Inde. *« It's a pity we lost India »*, se lamentent encore politiques et diplomates quand elle rejoint Malte, où son époux est affecté auprès de la flotte de la Méditerranée. Pour la première et dernière fois, elle partage l'existence du commun des mortels, fréquente des amis, va chez le coiffeur. La parenthèse se referme le 6 février 1952 : George VI s'éteint dans son sommeil, à 56 ans. Elizabeth est en safari au Kenya. Elle a 26 ans, est mère de deux enfants, Charles (né en 1948) et Ann (1950). Deux autres suivront, Andrew (1960) et Edward (1964).

Le roi est mort, vive la reine ! Au pied de la passerelle, l'attend le premier ministre Winston Churchill. Le « vieux lion » légendaire, en redingote et chapeau haut-de-forme, s'incline devant elle, frêle silhouette en robe de deuil. Règle numéro 1 : ne jamais s'épancher en public. « *Ce retour est bien tragique* », observe-t-elle, laconique. La tâche s'annonce écrasante. La Fédération nationale des femmes enjoint le gouvernement de ne point trop accabler *« notre reine bien-aimée, qui a aussi des devoirs en tant qu'épouse et mère »*.

Règle numéro 2 : tenir son rang. Son couronnement intervient le 2 juin 1953 sous les voûtes médiévales de l'abbaye de Westminster. Le rituel est inamovible depuis le sacre de Guillaume le Conquérant, en 1066. A la différence près qu'elle exige sa retransmission, contre l'avis du

PRESS ASSOCIATION IMAGES

PRESS ASSOCIATION IMAGES

Un an après le décès de son père, le roi George VI, la princesse est couronnée. La cérémonie officielle est retransmise à la télévision. C'est une première.

1953
2 juin

La reine salue la femme du premier ministre, Winston Churchill. Lorsqu'elle accède au trône, il est, à 80 ans, un guide dévoué.

1955

En voyage, Elizabeth II emporte avec elle une trentaine de chapeaux, une soixantaine de paires de chaussures, une demi-douzaine de malles de linge, une valise pour les ombrelles, une armoire réservée à une toilette d'apparat. Ses bagages ne passent jamais par la douane.

1961

gouvernement; 200 millions de téléspectateurs assistent à l'aube de sa gloire. Pour la première fois, l'audience de la télévision dépasse celle de la radio. La monarchie qu'elle incarne est sans rivale, son rayonnement médiatique sans précédent.

Une VRP en Technicolor

Le postulat veut que le souverain règne mais ne gouverne pas. Le subtil compromis trouve son illustration la plus éclairante au moment du discours dit « de la reine », à l'ouverture de la session parlementaire. La musique est royale, le propos gouvernemental. Quand elle s'adresse pour la première fois aux députés et Lords, en étole d'hermine dans un décor moyenâgeux, les mots sont de Churchill, son mentor en politique. Bon an mal an, elle énoncera de la même voix monocorde haut perchée le mantra libéral-conservateur de la « Dame de fer » Margaret Thatcher (1979-1990) aussi bien que les chantiers réformateurs du travailliste Tony Blair (1997-2007). Rien dans l'intonation ne trahira son déplaisir, quand elle dévoilera l'octroi d'une large autonomie à l'Ecosse et au Pays de Galles, parties intégrantes de son royaume, ou l'abolition de la chasse à courre.

Les fonctions d'Elizabeth II sont essentiellement cérémonielles. Elle ne vote pas, et, pour faire bonne mesure, ne parie jamais aux courses hippiques, dont elle raffole. Le monarque *« a le droit de formuler des avertissements, de prodiguer des encouragements et des conseils »*. Pour le reste, il nomme le premier ministre, de facto issu du parti vainqueur des élections, et approuve formellement les lois d'un symbolique *« la reine le veult »*.

Le biographe Robert Jobson décrit de manière prosaïque la fonction

LICHFIELD / GETTY IMAGES

GETTY IMAGES

La reine inaugure la ligne Victoria du métro londonien. C'est la première fois qu'un membre de la famille royale prend les transports en commun.

1969
7 mars

Sa propriété de Balmoral, en Ecosse, est la destination favorite d'Elizabeth. Elle s'y adonne à ses loisirs : balades à cheval, promenades avec ses corgis et barbecues familiaux.

1971

ANWAR HUSSEIN / GETTY IMAGES

La famille au grand complet : Philip, Andrew, Ann, Charles, Elizabeth et Edward.

1972

première de la monarchie : il s'agit de *« représenter efficacement la marque britannique, un peu à la façon d'un super voyageur de commerce. »* A peine couronnée, Sa Majesté – ou « Ma'am », comme il convient dorénavant de l'aborder – embarque pour une tournée inaugurale de six mois à bord du *Britannia*, son nouveau yacht, un palais flottant. La VRP royale met le cap sur le Commonwealth, ersatz d'empire constitué d'anciennes colonies. L'ensemble hétérogène dont elle a hérité finira par regrouper 54 pays, abritant le tiers de l'humanité. Elle fait office de chef de l'Etat dans seize d'entre eux, dont l'Australie et le Canada. Ses pérégrinations la conduisent vers des rivages inexplorés par ses prédécesseurs – Bermudes, Fidji, Tonga, les îles Cocos… Elle passe en revue des guerriers Maoris en pagne, serre la main du champion du monde des tondeurs de moutons en Nouvelle-Zélande.

Règle numéro 3 : être vue

« Je suis conventionnelle », semble être son euphémisme préféré. Son entourage de mandarins et militaires a gravé dans le marbre le programme de ses engagements : dépôt de gerbes le 11 novembre, vœux au Commonwealth en décembre, ouverture des courses du Royal Ascot et du Derby d'Epsom en juin. L'été marque, à grand renfort de chapeaux, « la saison sociale » : elle chevauche jusqu'à 60 ans en tête de la parade militaire de son anniversaire officiel ; en juillet et août, 32 000 convives se pressent aux « garden parties ». Règle numéro 3 : être vue. La reine sacrifie à 400 à 500 obligations par an. Elle prononce une kyrielle de discours, reçoit autant de compliments, inaugure un nombre incalculable d'hôpitaux, écoles et établissements souvent à son nom,

PRESS ASSOCIATION IMAGES

GETTY IMAGES

Charles et Diana se sont rencontrés lors d'un déjeuner familial. Le prince va avoir 30 ans, une réputation de célibataire endurci menace de lui coller à la peau. Diana approche de ses 18 ans, elle est simple, chic et de bonne famille.

1981

Le président des Etats-Unis, Ronald Reagan, s'esclaffe sur un bon mot prononcé par Elizabeth. Pas très à l'aise avec les discours, la souveraine est très pince-sans-rire.

1983

GETTY IMAGES

Le prince William naît en juin 1982, suivi deux ans plus tard par Harry. Diana est une mère attentive et tente d'offrir à ses fils l'enfance la plus ordinaire possible. Charles préfèrerait une éducation moins libérale.

1982

et parraine d'innombrables activités philanthropiques.
Son 1,60 mètre pourrait handicaper sa visibilité ? Ses couturiers ont inventé la parade absolue : la garde-robe royale – tailleurs et chapeaux assortis – puise dans les couleurs les plus acidulées – vert émeraude, rose bonbon, jaune canari.
La souveraine est l'icône d'une mode à la fois fascinante et intransposable. Le caractère sacré de l'institution présuppose une certaine distance, de la parcimonie dans les concessions à l'air du temps.
En 1962, la voilà en pionnière guindée à l'heure du thé dans un HLM de Londres. Sept années plus tard, elle porte son vison dans le métro pour inaugurer la Victoria Line, du nom de sa trisaïeule.

Dallas « made in UK »

Le sourire, le quart de rotation de la main droite en guise de salut et la mise en plis sont imperturbables sous toutes les latitudes.
A la moindre entorse à l'étiquette, elle oppose un silence réprobateur, glacial. C'est à elle seule que revient le privilège d'engager la conversation – consensuelle voire anodine.
La reine excelle à manifester un intérêt poli. « *Comme c'est intéressant* » : le leitmotiv comble d'aise ses interlocuteurs.
Les « swinging seventies » s'accompagnent d'irrévérence. « *Ils en ont fait une crétine* », s'époumonne le chanteur des Sex Pistols dans l'album *God save The Queen*, en deuxième position au hit-parade malgré la censure de la BBC. « *No comment* », répond invariablement le palais aux questions relatives à Sid Vicious aussi bien qu'à Margaret Thatcher. Dans le second cas, l'agacement est pourtant perceptible. Les rituels tête-à-tête hebdomadaires avec le chef du gouvernement sont... « *compliqués* », écrit le biographe Graham Turner.

TIM GRAHAM / GETTY IMAGES

PRESS ASSOCIATION IMAGES

TIM GRAHAM / GETTY IMAGES

Margaret Thatcher est peu appréciée au palais. Elizabeth déplore l'intransigeance du premier ministre et les dégâts sociaux engendrés par sa politique. Elle imiterait à la perfection le ton guindé de la Dame de fer.

1985

Le prince Charles apprécie le polo, une passion transmise par son père. Dès l'âge de 15 ans, il s'entraînait sur les pelouses.

1985

Les quatre femmes du palais, rarement réunies, se retrouvent aux fêtes familiales. Ici la reine mère célèbre ses 90 ans.

1990

L'une polarise un royaume désuni, l'autre a pour raison d'être de l'unifier. C'est ce à quoi s'emploie le « mariage du siècle » en 1981. Le prince Charles épouse Diana, fille du comte de Spencer, apparentée à Charles II. Elle est la bru rêvée, de sang bleu, vierge et rougissante.
Las, le conte de fées vire au cauchemar. La famille dysfonctionnelle des Windsor bascule dans le star-système, s'offre en spectacle aux tabloïds. Le feuilleton évoque la série américaine « Dallas », en plus corsé. Les gazettes se repaissent de l'affairisme et des amours du prince *« Andrew le cavaleur »*; des confessions du prince de Galles qui, sur écoute, confie à sa maîtresse, Camilla Parker-Bowles, qu'il *« rêve d'être son Tampax »;* d'une mise au point du prince Edward, contraint de protester de son hétérosexualité. *« Y sommes-nous pour quelque chose ? »*, s'interroge la reine, frappée d'impuissance.
La descente aux enfers médiatiques culmine en 1992 – *« annus horribilis »*, avoue la reine à l'occasion d'un banquet. Durant les douze mois écoulés, trois de ses quatre enfants se sont séparés ou ont divorcé (Charles d'avec Diana, Andrew d'avec la sulfureuse Sarah Ferguson, Ann d'avec le capitaine Mark Phillips), et son château de Windsor a brûlé.

« Où est notre reine ? »

Mais le pire est à venir. Exclue de « la firme », Diana fait voler en éclats l'omerta. *« Nous étions trois dans ce mariage. Il y avait un peu trop de monde »*, lâche-t-elle d'une voix suave à la BBC, en s'interrogeant sur l'aptitude de Charles à régner. Pour la première fois, la reine offusquée se départit de son flegme : *« Elle est folle. »* Diana, mère de William et Harry, voudrait concurrencer la reine qu'elle ne s'y prendrait pas autrement. La superstar glamour monopolise les

AFP

TIM GRAHAM / GETTY IMAGES

PRESS ASSOCIATION IMAGES

Huit couturiers se sont succédé au service de la reine. De couleur vive, ses vêtements sont conçus de telle sorte que chacun puisse la repérer, même de loin…

1992

La reine-mère et ses deux filles, Elizabeth et Margaret, commémorent au palais de Buckingham l'anniversaire de la fin de la seconde guerre mondiale. Cinquante ans auparavant, elles étaient apparues sur ce même balcon avec le roi George VI.

1995
8 mai

A la mort de Diana, la famille royale s'enferme dans le silence. Après cinq longues journées, la reine quitte Balmoral pour affronter le peuple endeuillé : hommage télévisé à la princesse, drapeau en berne, bain de foule (et de fleurs !) devant le palais de Buckingham…

1997
Été

premières pages des magazines, marginalise la souveraine, la ringardise. Adulée de son vivant, la « princesse du peuple » est quasi sanctifiée après sa mort accidentelle à Paris, en 1997, au côté de son compagnon Dodi Al-Fayed. Claquemurée en son château de Balmoral, Elizabeth II garde le silence et préconise des funérailles privées. Dans la capitale, la fronde gagne. Une marée de fleurs s'échoue devant les grilles de Buckingham. Le drapeau flotte en haut du mât : le protocole interdit de le mettre en berne pour tout autre que le monarque. *« Où est notre reine ? »*, accuse le *Sun*.

De retour à Londres, Elizabeth II capitule. Le visage fermé devant les caméras de la BBC, elle rend un hommage pincé à la défunte *« exceptionnelle et talentueuse »*.

« La reine le veult »

« Never explain, never complain » : ne jamais se plaindre, ne jamais se justifier. Elizabeth épouse la devise de Disraeli, premier ministre favori de l'impératrice Victoria. Son offensive pour reconquérir l'opinion ne s'accompagne d'aucun communiqué tonitruant. Elle s'engage pourtant sur trois fronts.Le premier mouvement vise à contourner cette presse qui l'a tant malmenée. Sous couvert de moderniser sa communication, elle bénit au printemps 1997 le premier site Internet officiel de la monarchie britannique. *« La mort tragique de Diana à l'origine d'un deuil largement partagé »* y est évacuée en 36 mots. De son propre aveu, le cyberespace demeure *« un rien mystérieux »*. La propriétaire de tous les esturgeons du royaume, en vertu d'une loi jamais abolie de 1324, trône pourtant sur Facebook, Twitter et YouTube, visiteurs et « amis » se comptent en millions.
Le deuxième front porte sur l'urticante question du rapport

PRESS ASSOCIATION IMAGES

Dans la tribune royale des hippodromes, la souveraine oublie son statut. On la voit pousser de petits cris, sautiller, sursauter. Grande lectrice du « Sporting Life », elle reçoit un bulletin hebdomadaire d'information hippique, visionne les enregistrements des courses lorsqu'elle n'a pas pu les regarder en direct. Elle possède plusieurs purs-sangs.

2006

qualité-prix de la souveraine. Elle pèserait moitié moins que J.K Rowling, la créatrice d'Harry Potter, mais plus que Madonna. A ses multiples propriétés, tableaux de maîtres et diamants s'ajoute un haras d'une centaine de purs-sangs. *« Depuis longtemps, les gens réclament une réduction du train de vie de la monarchie »*, convient le palais. Elle a déjà consenti à acquitter l'impôt sur le revenu et à désarmer le dispendieux *Britannia*. Elle accepte *« avec grâce »* un gel de l'enveloppe budgétaire allouée par le Parlement. En 2010, la facture de ses 1 200 secrétaires, valets, écuyers et autres jardiniers est réduite à moins de 1 euro par contribuable. Restait à redorer le blason des Windsor. En 2002, le jubilé d'or, hommage à cinquante années de règne, y contribue. La reine, qui vient de perdre coup sur coup sa sœur Margaret la scandaleuse et sa mère, la truculente et populaire « Queen Mum », *« s'impose comme la figure maternelle incontestée du pays »*, constate l'historien Robert Lacey. Trois ans plus tard, de guerre lasse, elle autorise Charles à épouser en secondes noces Camilla, *« la partie non négociable de ma vie »*, disait-il. Il se murmure que la souveraine serait comblée si ce pauvre Charles abandonnait ses interventions à répétition dans le débat politique, incompatibles avec son futur statut de roi.

Renouveau et continuité

2011 : « Annus mirabilis ». Elizabeth II est désormais intouchable. Diana appartient au passé. Les républicains, pourfendeurs d'un régime *« fondé sur l'élitisme, le privilège et l'hérédité »*, végètent sous les 20 % d'opinions favorables. La reine se permet une avancée, elle admet une modification fondamentale des règles ancestrales de succession : bientôt, régnera le premier enfant de l'héritier au trône,

PRESS ASSOCIATION IMAGES

AFP

Le prince Harry embrasse sa grand-mère lors du mariage de l'un de ses cousins. La reine s'est beaucoup rapprochée de ses deux petits-fils après le décès de Diana.

2008

Le prince Philip a un rude caractère, qui contraste avec l'attitude mesurée de sa femme. Il l'accompagne dans sa lourde tâche depuis deux tiers de siècle. Il est le seul à pouvoir lui parler franchement.

2011

CHRISTOPHER FURLONG / GETTY IMAGES

Elizabeth rend visite à son petit-fils William, pilote d'hélicoptère spécialisé dans le sauvetage, sur une base de la Royal Air Force. Le prince est destiné à régner au décès de son père Charles. Il s'y prépare depuis son séjour à l'internat huppé de Eton. Il allait alors régulièrement prendre le thé avec sa grand-mère, qui lui prodiguait des conseils.

2011

qu'il s'agisse d'une fille ou d'un garçon. Plus rien ne saurait entraver l'exercice de renouveau dans la continuité. Le 29 avril 2011, son petit-fils William épouse la roturière Kate Middleton en Mondovision, devant 2 milliards de téléspectateurs. Pour un peu, il faudrait freiner l'engouement des Britanniques qui plébiscitent l'idée d'une accession directe de William et Kate, sans passer par l'attelage Charles-Camilla.

« Sauf s'il vient à décéder, Charles régnera, ne serait-ce qu'un jour », corrige Robert Jobson, le biographe bien introduit au palais. « L'annus mirabilis » la comble. Au nombre des miracles figure une visite historique de réconciliation en Irlande. La reine est *« un trésor national »* exulte le *Times*, tandis que la presse encense le duc d'Edimbourg, souvent caricaturé en grognon et gaffeur invétéré. *« Il est ma force et mon soutien »*, s'abandonne-t-elle à l'occasion des 90 ans du grognard qui évolue droit comme un « i » à deux pas derrière elle depuis deux tiers de siècle.

Philip, qui dit *« approcher de sa date de péremption »*, est *« le seul à traiter la reine comme un simple être humain »*, observe Lord Charteris, ancien secrétaire privé d'Elizabeth. Qui d'autre oserait la houspiller ainsi du haut du pont du Britannia, en escale à Belize : *« Bla, bla, bla. On se dépêche ! »* Au soir de son règne, Elizabeth a traversé moult conflits, assisté aux premiers pas de l'homme sur la Lune, à la construction puis à la chute du mur de Berlin. La rétrocession de Hongkong à la Chine la laisse avec des confettis d'empire. Elle a côtoyé Nehru, Kennedy, Gorbatchev, l'empereur Hirohito, nombre de dictateurs. Nelson Mandela l'appelle son *« amie »*. Au fringant Tony Blair, porté au pouvoir par un raz-de-marée en 1997, elle a cru bon de rappeler : *« Vous êtes le dixième. Le premier, c'était Winston. Vous n'étiez pas né. »*

GETTY IMAGES / AFP

William épouse la roturière Catherine Middleton. Le couple s'est rencontré à l'université de Saint Andrews, en Ecosse – tous deux y étudiaient l'histoire de l'art avant que le prince ne se tourne vers la géographie. La retransmission de la cérémonie suscite un engouement mondial.

2011

29 avril

La doyenne des monarques régnants a visité 132 pays et remis plus de 380 000 titres ou récompenses.
Elle a lu des milliers de discours en public sans jamais accorder d'interview. Aucune de ses biographies n'est « autorisée ».
Ni les hagiographies ni a fortiori les brûlots qui la décrivent hautaine, verrouillée, dépourvue d'instinct maternel.

« Ceux qui savent ne parlent pas »

Elle est indubitablement la femme la plus photographiée de la planète, et pourtant la reine privée demeure une énigme. « *Ceux qui savent ne disent rien, et ceux qui parlent ne savent pas grand-chose* », dit l'adage.
De loin en loin, un valet, une femme de chambre lâchent une bribe rémunérée. C'est ainsi qu'on connaît son journal favori, le *Sporting Life*, imbattable pour les montes et partants, son goût pour le gin-Dubonnet, les mots croisés, les feuilletons, les documentaires historiques et les romans policiers.
Dans un Royaume-Uni pluriethnique et multiconfessionnel, la reine de 86 ans perpétue une lignée aristocratique, blanche, protestante, et une illusion de grandeur évanouie.
Victoria avait mobilisé 50 000 soldats, dont des troupes à dos de chameau du Rajasthan, pour marquer ses soixante années de règne, en 1897. Pour son jubilé de diamant, en 2012, son arrière-arrière-petite-fille a prévu de voguer sur la Tamise à la tête d'une armada d'un millier d'embarcations. Il faut remonter à Charles II pour un tel déploiement naval. C'était il y a trois siècles.
Queen Mum, sa mère, est décédée à 101 ans. Charles peut bien attendre. Chez les Windsor, le mot « abdication » demeure tabou. Elizabeth II l'a elle-même signifié : « *Etre reine, c'est un métier pour la vie* » •

Août 1966 : Mao Zedong engage la Chine communiste dans la Révolution culturelle. De la place Tiananmen aux montagnes du Yunnan, le photographe de propagande **Weng Naiqiang** *devient le témoin fasciné de ce qu'il croit être une épopée. Sans voir la tragédie.*

MÉMOIRE

ROUGE DE CHINE

Weng Naiqiang habite une haute tour de la banlieue pékinoise. Dans le paisible quartier de Wang Jing, au nord-est de la capitale, ce samedi est jour d'élections. Sur de grandes banderoles rouges suspendues aux grilles de sa résidence, le Parti communiste appelle les riverains à désigner les *« représentants législatifs locaux »* qui décideront de la couleur des prochains géraniums du jardin public ou des horaires du ramassage des déchets.

M. Weng a 76 ans, et d'autres priorités. Après notre visite, il a prévu de retrouver sa mère âgée de 104 ans. Il veut aussi montrer qu'il sait recevoir. Sur la table basse, il a disposé une théière, des biscuits et un panier de •••

Weng Naiqiang, en octobre 1976, lors d'une manifestation saluant l'arrestation de la Bande des Quatre. La photo a été prise par l'un de ses collègues, Ren Shiyin.

••• clémentines. *«Pour l'invité étranger»*, il a réglé sa télévision sur CCTV 9, la chaîne d'Etat anglophone.

Les murs blancs de l'appartement sont habillés de ses photos préférées : des portraits de paysans tibétains aux visages limés par les intempéries ; une femme aux cheveux ébouriffés, le regard fauve, mère solitaire donnant le sein au milieu d'une plaine verdoyante. On a beau chercher, aucune image de Mao Zedong. C'est pourtant grâce à l'ancien dirigeant chinois que Weng Naiqiang s'est fait un nom. Pendant vingt-six ans, il a travaillé pour *Le Peuple de Chine*, un magazine de propagande du Parti communiste destiné aux lecteurs japonais et toujours en activité.

A partir de 1966, il suit la *«Révolution culturelle prolétarienne»*. Mao vient d'essuyer un grave revers après l'échec du Grand Bond en avant. Les hauts responsables, dont Deng Xiaoping, partisan de réformes économiques, s'affrontent dans les coulisses. Mao n'entend pas abandonner son rôle, il charge les Gardes rouges de purger la Chine de ses valeurs traditionnelles. La Révolution culturelle s'éteindra officiellement à sa mort en 1976.

A l'époque, Weng Naiqiang a deux atouts : la maîtrise de la pellicule couleur – qu'il fait venir spécialement de Hong Kong – et son entrain. Il n'hésite pas à grimper dans les trains avec la jeunesse révolutionnaire en vadrouille à travers le pays ou à rejoindre dans les campagnes les étudiants «volontaires» dont les universités sont provisoirement fermées. *«J'étais plutôt charmeur et j'avais un certain succès auprès des demoiselles.»*

Avec lui, deux autres jeunes photographes forment alors la crème du photojournalisme chinois : Jiang Shaowu, du *Quotidien du Liaoning*, et Li Zhen Sheng, du *Quotidien du Heilongjiang*. Après des années de silence, ce dernier finira par publier des négatifs longtemps dissimulés ; ceux montrant des condamnés à mort à Harbin, tués pour leurs *«pensées hostiles»* au Grand Timonier. Weng Naiqiang, lui, est présent dès les premiers rassemblements de masse organisés sur la place Tiananmen, à Pékin. Scotché à son Rolleiflex 3.5F bi-objectif de fabrication germanique, il se souvient avoir été *«engagé et très ému en voyant Mao s'adresser directement à ces centaines de milliers de personnes»*. En août 1966, il le capture juché sur la Porte céleste de la Cité interdite, sa casquette tendue vers la foule : *«Mao porte le brassard des Gardes rouges et annonce la gratuité des transports publics»*, commente aujourd'hui le photographe sans mentionner les mots lancés à la foule : *«On a toujours raison de se révolter.»*

Quelques jours plus tôt, le programme de la Révolution culturelle a été rendu public : *«Nous devons abattre les responsables du Parti engagés dans la voie capitaliste. Nous devons abattre les sommités académiques réactionnaires de la bourgeoisie et tous les "monarchistes" bourgeois. Nous devons nous opposer aux actes de répression contre la Révolution. Nous devons liquider les génies malfaisants. Nous devons extirper énergiquement la pensée, la culture, les mœurs et coutumes anciennes de toutes les classes exploiteuses.»*

Weng Naiqiang accompagne la Révolution au jour le jour. Il photographie les familles félicitant Mao, les étrangers venus le soutenir à Pékin, les anciens soldats en train de raconter leurs souvenirs de la *Longue marche*, qui vit Mao sortir victorieux en 1935 de la guerre civile chinoise. A l'hiver 1966, le photographe part refaire avec les Gardes rouges, en pélerinage, la *Longue marche* dans la province du Yunnan, frontalière avec le Tibet : *«C'était un paysage somptueux, une sorte de paradis.»* Il interviewe un *«héros tibétain»* de l'épopée célébrée par le régime, il rencontre sur place des *«enfants tibétains à qui on enseignait les chants révolutionnaires»*. Au début de 1967, il franchit un passage montagneux *«victorieusement défendu par les soldats de Mao face au Kuomintang»*.

Ses plus beaux clichés montrent l'effervescence d'une jeunesse chinoise fanatisée. Quand il parle de son travail, le vieil homme laisse parfois percer un brin de nostalgie : *«A cette époque, les gens n'étaient pas égoïstes, ils regardaient tous dans la même direction.»* De la période, il ne garde – comme sur ses photos – que de belles images.

En 2006, un Américain lui propose de publier un ouvrage rétrospectif. Les clichés sont numérisés, mais le projet est abandonné. En guise de dédommagement, Weng Naiqiang négocie une exposition au «798», une friche industrielle pékinoise reconvertie en quartier d'art contemporain truffé de galeries et d'ateliers d'artistes. Ses photos de révolutionnaires exaltés tranchent avec les œuvres «pop» d'artistes chinois qui tournent Mao en dérision pour le plus grand bonheur de collectionneurs fortunés. Malgré lui, Weng se retrouve «branché». *«C'est là,* dit-il, *qu'on voit que la Chine a beaucoup changé. Les Chinois ont désormais le droit d'avoir des pensées très différentes.»* Après sa traversée du communisme, le capitalisme ne lui déplaît pas : une de ses photos s'est vendue aux enchères pour 205 000 yuans (24 000 euros) il y a six ans.

Avant de devenir photographe professionnel, il suivait des cours de peinture à l'Académie centrale des

Beaux-Arts de Pékin. Le déclic remonte à un souvenir de sa jeunesse en Indonésie, qu'il a quittée à l'âge de 15 ans pour découvrir la Chine, son pays. Son père fabriquait des affiches publicitaires à Jakarta, sa famille vivait confortablement. *« Un jour, un Indonésien m'a photographié avec mes copains, devant une belle voiture. J'avais 7 ans. »* Quelques années plus tard, il revoit la photo. C'est une révélation : *« Au-dessus de ma tête, sur la portière, il était écrit "Confisqué par l'Armée japonaise" ! Le photographe indonésien voulait témoigner de l'occupation japonaise ! »*

Perché au 23e étage, son appartement pékinois offre une vue imprenable sur la capitale. Tous les matins, il profite de la lumière naturelle, à la fenêtre du salon, pour s'exercer à son autre passion, la calligraphie, sur un petit tapis de jute. *« Mais l'après-midi, je sors. »* Un Reflex numérique dernier cri est posé sur l'étagère. Son terrain

A l'hiver 1966, il part refaire la Longue marche : « un paysage somptueux, une sorte de paradis ».

de jeu est le magasin Ikea du quartier, où les jeunes couples chinois viennent rêver d'un foyer *cosy*.

Souvent, l'Histoire le rattrape. Pour les 60 ans de la Chine communiste, en octobre 2009, un journaliste anglais vient tambouriner à sa porte. Weng se confie à la caméra. Et sursaute de stupeur quand il découvre que le reportage se termine par une séquence sur la répression, en 1989, des manifestants de la place Tiananmen : *« Vous vous rendez compte ? Il a peut-être essayé de me faire passer pour un dissident »*, s'affole-t-il.

Dans son petit bureau, entre la salle de bains et la cuisine, des armoires vitrées sont encombrées de livres de photographes chinois et étrangers, de boîtes de négatifs, d'anciens appareils photos et aussi d'un Petit Livre rouge. Ses images sont stockées sur un ordinateur japonais. Stockées, mais pas rangées : ses plus beaux clichés de la Révolution culturelle sont égarés dans les méandres du disque dur, au milieu de ses photos de famille •

Jordan Pouille

Le traumatisme de la Révolution culturelle

« ***Si à cette époque, j'avais compris que la Révolution culturelle était une erreur, ça veut dire que j'aurais été plus intelligent que Mao et c'était tout simplement impensable.*** **» Aveuglé, comme la grande majorité de ses concitoyens, par l'espoir né de la Révolution culturelle, Weng Naiqiang n'a jamais cherché à photographier la terreur qui a accompagné le mouvement. «** ***J'étais jeune et ça ne m'intéressait pas, il m'aurait fallu plus d'expérience pour comprendre la vérité*** **», dit-il.**

Sur ses photos argentiques, la violence contre les intellectuels, la persécution des croyants et la chasse aux « bourgeois » ou paysans propriétaires n'apparaissent jamais. Aucune trace non plus des massacres et actes de cannibalisme perpétrés sur les « ennemis de classe » par des Gardes rouges dans la province méridionale du Guangxi. Pour mater ses disciples zélés, Mao avait dû envoyer l'armée. Aujourd'hui encore, les livres scolaires évitent d'aborder les dérives de la Révolution culturelle. Le Parti communiste chinois conserve jalousement et hors de portée ses archives locales et nationales.

Quelques internautes chinois déterrent régulièrement le sujet, mais sans grand succès. Dans ce pays tout entier consacré à son développement économique, le régime est resté maître de la réécriture de sa propre histoire. Parmi les pages gommées : la famine orchestrée par Mao pendant le Grand Bond en avant, lancé en 1958 ; la répression de la place Tiananmen en 1989 ; ou la mort de milliers d'enfants dans les écoles construites au rabais et détruites dans le séisme du Sichuan en 2008…

Les initiés du Parti n'ignorent rien de ces « trous de mémoire ». Deng Pufang, le fils de l'ancien président chinois Deng Xiaoping, a été défenestré par les Gardes rouges. Resté paraplégique, il a fondé la Fédération nationale des handicapés et présidé le comité d'organisation des Jeux paralympiques de Pékin de 2008.

En 2010, le premier ministre chinois, Wen Jiabao, a brisé un tabou. Devant des étudiants médusés, il s'est attardé sur les humiliations subies par son père et son grand-père, enseignants. Les médias officiels ont jugé préférable de censurer l'information. ***J. P.***

一心
毫不利己

« Grande nouvelle du IXe Congrès du Parti communiste », annonce le journal à sa « Une ». Le Parti demande aux ouvriers d'accélérer la cadence, il faut relancer l'économie.

Les collèges et lycées sont fermés. Dans le Jiangxi, un ancien soldat de l'armée communiste raconte son épopée aux jeunes Gardes rouges. Parmi eux, quelques-uns vont refaire la Longue marche, le périple de plus d'un an qui aboutit en 1935 à la victoire des troupes de Mao sur les nationalistes.

Des sympathisants étrangers soutiennent la révolution voulue par Mao. Le dirigeant chinois se heurte alors à l'Union soviétique. Les deux pays se revendiquent du communisme, leurs intérêts les opposent.

Les billets de train sont gratuits, les Gardes rouges se disséminent dans toute la Chine. C'est le mouvement du « Grand mélange », le « Dà Chuàn Lián ». Les différences doivent disparaître, le passé s'effacer.

Page suivante :
A la Ferme des sept étoiles de Bei Da Huang, dans la province d'Heilongjiang, les « jeunes instruits » redonnent vie aux terres de Mandchourie, souvent gelées. Paysans, militaires et « jeunes instruits » travaillent ensemble sur des tracteurs. La Chine se veut moderne, la Révolution est en marche.

Dans tout le pays, le Petit Livre rouge de Mao est brandi vers Pékin dès le matin. Imprimé et distribué à des millions d'exemplaires, il est la bible du régime.

Le soir, devant les greniers à blé, chacun est incité à rapporter à haute voix son travail de la journée et à proposer des défis de production pour le lendemain.

Sur la place Tiananmen, à Pékin, les démonstrations sont encouragées. Des Gardes rouges chantent en l'honneur de Mao.

Dans la province du Jiangxi, en 1967, une troupe d'opéra en uniforme de Gardes rouges fait une tournée, ici sur le chantier de construction d'un barrage.

Les Gardes rouges sont en pèlerinage sur la route de la Longue marche. Les soldats communistes avaient affronté les troupes nationalistes dans ce passage montagneux de Huang Yang Jie pendant la guerre civile. La Longue marche est glorifiée par le régime.

Page précédente :
Plus de 1 million de personnes sont rassemblées sur la place Tiananmen. Depuis l'appel à la « révolte » lancé par Mao au mois d'août 1966, les manifestations se succèdent à Pékin. Novembre marque l'apogée de la campagne : en un mois, les révolutionnaires occupent à cinq reprises le centre de la capitale.

De jeunes révolutionnaires sur le pont de granit de Lugou, à 15 kilomètres de Pékin. Au XIIIe siècle, Marco Polo a traversé ce même pont.

A l'hiver 1966, les Gardes rouges traversent la région de Zhongdian, frontalière avec le Tibet. Ce haut lieu de la Longue marche, aujourd'hui touristique, a été rebaptisé « Shangri-La » en 2001 par les autorités.

Toujours à Zhongdian, des enfants tibétains récitent des chants révolutionnaires. Il faut faire disparaître les « vieilles coutumes », a dit Mao.

« LA CHINE ÉTAIT DEVENUE UNE PRISON »

Jung Chang a vécu la Révolution culturelle. Elle était adolescente; ses parents, hauts cadres du Parti, croyaient au communisme. Dans « Les Cygnes sauvages », saga qui retrace l'histoire de sa famille au XXe siècle, elle raconte la répression qui s'abat sur son père et sa mère lorsque le pays tombe entre les mains de ceux qu'elle appelle les « Rebelles ». Extraits.

Un jour, une poignée de Rebelles firent irruption dans notre appartement et s'introduisirent dans le bureau de mon père. Après avoir passé en revue le contenu des étagères, ils le déclarèrent *« immobiliste »* parce qu'il possédait encore ses *« livres réactionnaires »*. Au lendemain des brasiers de livres provoqués par les jeunes Gardes rouges, un grand nombre de gens avaient brûlé leur bibliothèque, mais pas mon père. Face à ces assaillants, il fit une pauvre tentative pour protéger ses chers livres en leur désignant un rayon d'ouvrages marxistes. *« N'essaie pas de nous blouser, nous les Gardes rouges !*, hurla Mme Shau. *Tu détiens quantité d'herbes empoisonnées. »* Elle s'empara alors de plusieurs classiques chinois imprimés sur du papier de riz léger. *« Que veux-tu dire par "nous les Gardes rouges" ?*, lui rétorqua mon père. *Tu es en âge d'être leur mère. Et tu devrais avoir davantage de jugeote. »*

Mme Shau le gifla de toutes ses forces. La foule, déchaînée, se mit à vociférer contre lui, bien qu'un certain nombre de Rebelles eussent de la peine à réprimer leurs ricanements. Puis ils sortirent ses livres des étagères et les jetèrent dans de grands sacs en jute qu'ils avaient apportés. Quand tous leurs sacs furent remplis, ils les descendirent, après avoir annoncé à mon père qu'ils les brûleraient le lendemain dans le jardin du département, au terme d'une réunion de dénonciation contre lui. On l'obligerait à assister au spectacle du brasier, pour qu'il *« en tire la leçon »*. En attendant, ajoutèrent-ils, il fallait qu'il brûle le reste de sa collection. En rentrant à la maison ce soir-là, je trouvai mon père dans la cuisine. Il avait allumé un feu dans le grand évier en ciment et jetait ses livres dans les flammes, l'un après l'autre. Pour la première fois de ma vie, je le voyais pleurer. C'était insupportable, indicible, barbare, de voir pleurer un homme qui contenait toujours ses larmes. De temps à autre, au milieu des sanglots qui le secouaient violemment, il tapait du pied par terre ou se cognait la tête contre le mur. J'étais tellement bouleversée que, pendant un bon moment, je n'osai pas essayer de le consoler. Pour finir, je le pris dans mes bras, son dos tourné vers moi, et je le serrai de toutes mes forces, sans savoir quoi dire. Il ne prononça pas un mot non plus. Mon père avait dépensé tous les maigres sous qu'il avait pu économiser pour s'acheter des livres. Ils étaient toute sa vie. Après ce déchirant épisode, je dus me résoudre à l'évidence que quelque chose ne tournait plus rond dans sa tête. On l'obligea à participer à de nombreuses réunions de dénonciation. Mme Shau et son groupe faisaient généralement venir une foule de Rebelles étrangers au département pour grossir l'assistance et prendre part aux violences. Le plus souvent, ces assemblées débutaient par un chant : *« Dix mille ans, encore dix mille ans et dix mille ans de plus pour notre Grand Maître, notre Grand Leader, notre Grand Commandant, notre Grand Timonier, le président Mao ! »* Chaque fois, tout le monde hurlait les trois *« dix mille ans »* et les quatre *« Grands »*, en brandissant à l'unisson le Petit Livre rouge. Mon père s'y refusait. Il disait que la formule des « dix mille ans »

LI ZHENSHIENG / CONTACT PRESS IMAGES

A Harbin, le 12 septembre 1966, Li Fan Wu, un cadre du Parti communiste, est stigmatisé en public par les Gardes rouges, qui l'accusent de « carriérisme ».

était utilisée jadis à l'adresse des empereurs et qu'elle ne convenait pas au président Mao puisqu'il était communiste. Sa réaction provoquait immanquablement un torrent de cris hystériques et une avalanche de coups. Une fois, tous les accusés reçurent l'ordre de s'agenouiller et de se prosterner devant un gigantesque portrait de Mao accroché au fond de l'estrade. Tous obéirent, sauf mon père. Il déclara que la prosternation était une pratique féodale humiliante que les communistes avaient résolu d'éliminer. Les Rebelles hurlèrent de plus belle, lui donnèrent des coups de pied dans les tibias et lui frappèrent le crâne, mais il continua à faire des efforts désespérés pour rester debout. *« Je refuse de m'agenouiller!* criait-il furieux. *Je ne me prosternerai pas.»* Et la foule déchaînée de renchérir: *« Baisse la tête et avoue tes crimes!» « Je n'ai commis aucun crime,* répondit-il, *et je ne baisserai pas la tête!»*

Plusieurs jeunes robustes lui sautèrent dessus pour essayer de le forcer à se mettre à genoux, mais dès qu'ils lâchèrent prise, il se redressa, releva la tête et fixa l'assemblée d'un air de défi. Ses assaillants lui tirèrent les cheveux et appuyèrent sur sa nuque. Mon père se débattait toujours farouchement. Lorsque la foule en délire beugla qu'il était *« contre la Révolution culturelle »*, il répliqua avec fureur: *« De quelle Révolution culturelle parlez-vous? Il n'y a rien de culturel là-dedans! Ce ne sont que des brutalités.» « La Révolution culturelle est conduite par le président Mao,* lui rétorquèrent les brutes qui s'étaient abattues sur lui. *Comment oses-tu t'y opposer?»* Mon père haussa encore le ton: *« Je m'y oppose, même si c'est le président Mao qui la conduit.»* Sa réplique fut suivie d'un lourd silence. *« S'opposer au président Mao »*, c'était commettre un crime passible de la peine de mort. *(...)* Mes parents avaient l'ordre de rester chez eux et d'attendre qu'on les convoque à une prochaine réunion. Il ne pouvait être question de se cacher. La Chine entière était devenue une prison. Chaque maison, chaque rue faisait l'objet d'une surveillance étroite par la population elle-même. Dans ce pays pourtant immense, il n'y avait pas moyen de se réfugier où que ce fût. Ils ne pouvaient même pas sortir pour se détendre un peu. La notion de « détente » n'avait plus lieu d'exister: livres, peintures, instruments de musique, sports, cartes, jeux d'échecs, maisons de thé, bars, tout avait disparu. *(...)* Tous les films, pièces de théâtre et concerts avaient été bannis; Mme Mao avait dégagé les scènes et les écrans au profit des huit « opéras révolutionnaires » qu'elle avait contribué à produire. Personne n'avait le droit de voir quoi que ce soit d'autre. *(...)*Nous ne pensions même pas à aller nous promener. Il régnait dehors une atmosphère de terreur, avec les réunions de dénonciation au coin des rues, les affiches et les slogans sinistres qui couvraient les murs, les gens qui déambulaient comme des zombies, le visage figé par la dureté ou la peur. Sans compter que les hématomes qui couvraient les figures de mes parents témoignaient de leur statut de condamnés. Ils risquaient par conséquent de subir des sévices supplémentaires s'ils mettaient le nez dehors •

Extrait de Les Cygnes sauvages *(Plon, 1992). Traduit de l'anglais par Sabine Boulongne. © Jung Chang.*

L'album de famille

Les enfants d'Israël

Sa mère et ses tantes, rescapées d'Auschwitz, ont émigré en Palestine en 1947. Pendant quinze ans, Vardi Kahana a photographié ses cousins, petits-cousins, oncles et tantes, des hauteurs du Golan à Copenhague. Un miroir de la société israélienne.

Rivka, la mère de la photographe, arrive à Auschwitz en mai 1944. Cette photo, prise par un officier nazi anonyme, a été publiée dans « L'Album d'Auschwitz », de Lili Meier et Peter Hellman (Seuil, 1983).

C'est l'histoire d'une famille. C'est toute l'histoire juive israélienne incarnée en une seule famille. C'est ma famille. A la grande question de l'identité juive israélienne, les photographies de ma famille apportent un kaléidoscope de réponses. Le point de départ de ce travail est la photo de ma mère, Rivka, et de ses deux sœurs, Leah et Esther. Des numéros de série sont gravés sur leurs bras gauches : A7760, A7761, A7762. C'est ainsi, dans cet ordre, qu'elles faisaient la queue à Auschwitz au printemps 1944 pour se faire tatouer. Elles ne savaient pas, alors, si elles survivraient jusqu'au lendemain. Aujourd'hui, elles vivent toutes les trois en Israël ; elles ont 31 petits-enfants, et des dizaines d'arrière-petits-enfants. Ma mère, Rivka Kahana, née Greenwald, a émigré de Tchécoslovaquie en 1947. Ses parents et deux de ses sept frères et sœurs ont disparu dans les camps de la mort. Les survivants ont émigré en Palestine. Mon père, Aharon Kahana, comme certains de ses frères, a fui l'Europe d'avant-guerre en 1939, émigrant de Tchécoslovaquie en Palestine. Ses parents et trois de ses onze frères et sœurs sont morts à Auschwitz. Certains des survivants ont émigré en Israël, d'autres aux Etats-Unis. La cohésion de la

Les trois sœurs, 1999, Tel-Aviv *« Ma mère, Rivka Kahana (à droite), et ses deux sœurs, Leah et Esther, des numéros consécutifs sur l'avant-bras. C'est dans cet ordre qu'elles ont fait la queue et ont été tatouées à Auschwitz. »*

famille était une valeur sacrée pour mes parents et leurs frères et sœurs ; une valeur supérieure, au-dessus de toute controverse politique, idéologique ou religieuse. Les relations familiales étaient intimes et infusées comme une nécessité vitale. C'était une affinité qui découlait du serment que les membres de cette génération s'étaient fait entre eux – se retrouver après la guerre, reconstruire sa maison, les uns près des autres. Ils sont arrivés en Israël sans le sou, tout le monde aidait tout le monde. Les premiers immigrés se chargeaient des suivants. A chaque occasion, ma mère et ses sœurs nous racontaient leurs histoires, comment elles s'étaient sauvées les unes les autres à Auschwitz. Cette relation à la vie à la mort a perduré entre elles en Israël. Nous, les enfants, qui avions hérité de ce sens profond de la parenté, passions de longues vacances ensemble. J'ai commencé à photographier ma mère pendant mes études à l'Ecole d'art. Au fil des ans, j'ai élargi cette pratique documentaire à ma famille : les oncles, les tantes, les cousins et leur progéniture. Quatre générations. Plus j'avançais dans le processus documentaire, plus je réalisais que ma famille représente l'essence même de l'identité juive israélienne. Pour montrer la vie de ses membres, j'ai parcouru le pays de long en large, je suis allée à l'étranger. J'ai traversé des frontières idéologiques et mentales. Mon voyage oscillait de « gauche » à « droite », des mondes ultra-orthodoxes aux domiciles de vrais épicuriens. Dans mon enfance, nous vivions à Tel-Aviv, tout près de la plage. Nous passions les longues vacances d'été avec nos cousins, jouant sur le sable chaud. Les mêmes cousins qui, entretemps, ont élevé une troisième et une quatrième générations, vivent maintenant dans des colonies dans le nord de la Samarie, au cœur d'Hébron et en Judée. Non seulement nos relations ont cessé d'être d'une nécessité vitale, comme l'étaient celles de mes parents avec leurs frères et sœurs, mais un fossé politique et religieux nous sépare. La géographie est emblématique de l'abysse idéologique qui sépare les différentes branches de la famille. Aujourd'hui, alors que nous sommes parents nous-mêmes, le besoin d'intimité au sein d'une famille étendue s'est émoussé. Je suis certaine qu'à la prochaine génération s'estompera encore le peu qu'il reste du pacte de nos parents, encore si vif pendant mon enfance. Est-ce le fossé idéologique qui nous éloigne, en éliminant toute possibilité de trouver un terrain d'entente ? Probablement •

Vardi Kahana

Les trois frères, 1992, Tel-Aviv *« Mon père, Aharon Kahana (à droite), et ses deux frères, Moshe et Yehezkel. »*

2005, Ganey Tikva (près de Tel-Aviv)
« Mon cousin Hannan Kahana et sa femme Zipora. »

2005, Modi'in Ilit, Kiryat Sefer (colonie ultra-orthodoxe entre Jérusalem et Tel-Aviv) *« Yitzhak Kahana, le fils de mon cousin Hannan, sa femme Rachel et leurs quatre enfants. »*

2005, Modi'in Ilit, Kiryat Sefer (colonie ultra-orthodoxe entre Jérusalem et Tel-Aviv)
« Les petits-enfants de mon cousin Hannan. »

2004, Groningen, Pays-Bas *« Ma cousine Rina, qui a émigré en Hollande, et ses deux filles, Noga et Gili. »*

2004, Copenhague, Danemark
« Mon cousin Shmuel et sa femme Hanne dans leur jardin. Ils ont gardé un appartement à Tel-Aviv. »

2004, Copenhague, Danemark
« Ben, le plus jeune fils de mon cousin Shmuel. »

2004, Copenhague, Danemark *« Tal R, un des fils de mon cousin Shmuel, dans son studio d'art. »*

2004, Copenhague, Danemark
« Les petits-enfants de mon cousin Shmuel. »

2004, Hébron « *Ma cousine Eta Leibowitz et son mari Josef. Ils vivent dans une colonie au cœur d'Hébron.* »

2004, Hébron « *Rivka, Akiva, Bezalel, Zvi, Hillel et Shilo, six des dix enfants de ma cousine Eta.* »

2004, Hébron « *Bat-Zion, une des filles de ma cousine Eta, son mari Yossi et leurs enfants, Shlomo-Yitzhak et Neri.* »

2007, Alonei Habashan, plateau du Golan « *Yehuda, un des fils de ma cousine Eta, sa femme Rinat et leurs enfants Uri, Hallel et Adi.* »

2007, kibboutz de Cabri *« Yael, une des filles de ma cousine Erela, avec son mari Eldar et leurs enfants Hadas, Ofer et Amit. »*

1993, Petach Tikva (près de Tel-Aviv) *« Ma cousine Libi, son mari Naftali et leurs dix enfants : Yair, Asher, Hagit, Tehila, David, Netanel, Hillel, Shilo, Rachel et Yinon. »*

2002 *« Ma cousine Libi avec la photo de son fils aîné, Yair, qui a été tué au Liban en 1995 – assis, au centre, sur la photo précédente, prise deux ans avant sa mort. »*

2004, Herzliya (au nord de Tel-Aviv) *« "Tante" Adina avec "Oncle" Aharon. Je l'appelle "tante", en fait c'est une cousine. »*

2004, Herzliya (au nord de Tel-Aviv) *« Jonathan et Merav, les enfants de mon frère Zvika. »*

2004 *« Or et Amir, les filles de mon frère Avi. »*

2005, Herzliya (au nord de Tel-Aviv) « *Mon fils Gil.* »

2003 « *Ma mère Rivka et mes enfants Gil et Roni.* »

Work in progress

Les jardins de Southwood

Certains tombent sous le charme d'une maison de campagne, d'un grenier poussiéreux, d'un dédale de ruelles. Envoûtée par un quartier de préfabriqués à Charlottesville, en Virginie, la photographe **Shannon Jensen** *veut suivre ses habitants pendant cinq ans.*

Elle a 27 ans, elle est américaine. Pas d'école de journalisme ni de cours de photo derrière elle, mais un diplôme d'économie. Shannon Jensen a appris à manier l'objectif sur le tas grâce au journal de son école. A la fin de ses études, en 2008, elle n'hésite pas un instant à poursuivre sa passion. Engagée par une organisation humanitaire, elle s'envole pour le Soudan où elle affine sa pratique du photojournalisme en couvrant les élections locales, puis l'Afrique de l'Est. L'aventure s'interrompt quand le père de la jeune femme tombe gravement malade. Fille unique de parents divorcés, Shannon Jensen rentre à Washington pour prendre soin de lui. Là, elle participe à un atelier dans le cadre d'un festival de photojournalisme. Elle dispose de quelques jours pour monter un projet. Attirée par le documentaire et les problématiques du logement, qu'elle a

◀ *Robert offre une gorgée de bière à son petit-fils Justin.*
▲ *Juliette, la fille de Margarita, a invité sa voisine Lindsey à jouer dans sa chambre.*
▶ *Erica, 3 ans, se baigne sous l'œil de Christina, mère de quatre autres enfants.*

étudiées à l'université, la photographe entame un travail sur le quartier de Southwood à Charlottesville (Virginie), sur la côte Est.
Prenez la Route 631 en direction du sud. Roulez deux ou trois minutes, puis tournez à gauche. Sous vos yeux, un terrain boisé coupé par une rue principale, bordée de 350 préfabriqués. Vous êtes à Southwood. Y vivent des travailleurs pauvres, immigrés hispaniques pour la plupart, pas toujours en situation légale. Beaucoup sont là depuis des décennies, certains ont connu la prison, le taux de grossesse des adolescentes est élevé.
Aux Etats-Unis, les habitants des « mobil homes » sont stigmatisés. Une organisation à but non lucratif, Habitat for Humanity, a décidé d'aider ceux de Southwood. D'ici deux à trois ans, les préfabriqués seront remplacés par des logements en dur. Les résidents ne voient pas tous le projet d'un bon œil. Pour Shannon Jensen, l'histoire est trouvée : elle va photographier la communauté avant que les mobil homes ne disparaissent.
Elle s'y installe pour la première fois à l'été 2011. En juillet, on passe ses journées dehors : barbecue, piscine pour les enfants... La photographe accoste les résidents facilement, elle est accueillie avec chaleur. Très vite, la magie opère. Il y a Robert et Phyllis, deux sexagénaires qui lui prêtent la chambre de leur petite-fille. Il y a Mark, sans emploi, et Christina, 26 ans et déjà cinq enfants. Christina est la première à apprécier les tirages que Shannon rapporte en guise de remerciements. Il y a Margarita, Américaine issue d'une communauté mexicaine, ses quatre filles et son fils. Elle ne peut pas épouser son compagnon, Adalberto, immigré mexicain en situation illégale. Quand Shannon vient, Margarita se montre gênée : la chambre des enfants est mal rangée. La photographe répond, dans un sourire : *« Je n'y vois pas du désordre, j'y vois de la joie. »*
Shannon Jensen n'a pas envie de partir. Son projet ne devait durer que quelques jours, elle décide de le mener sur cinq ans. Ce travail pourrait, comme celui de nombreux photojournalistes américains, s'inscrire dans une veine misérabiliste : du noir et blanc pour la dramatisation visuelle, de la misère et de l'insécurité pour sujet principal. La photographe s'intéresse davantage aux nuances, son travail en est le reflet : *« Comparée à l'Afrique, la vie de ce quartier n'est pas si terrible. Tous n'ont pas une vie facile, mais ils peuvent compter sur leur cercle familial. Les gens ont un bout de jardin, cultivent quelques légumes, certains élèvent des poulets... Ce n'est pas la vie idéale, mais c'est déjà ça »* •

Victoria Scoffier

Youri Kozirev

De la Tchétchénie à l'Irak, en passant par l'Afghanistan, Youri Kozirev se distingue depuis vingt ans par un regard très personnel sur les conflits. En 2011, il a suivi les révolutions arabes pour le magazine *Time*. Né en 1963 à Moscou, où il vit, il est l'un des fondateurs de l'agence Noor.

Zed Nelson

Somalie, Cuba, Angola... Zed Nelson, né en 1965, a arpenté tous les terrains escarpés des années 1990. Après une embuscade en Afghanistan, au cours de laquelle deux de ses camarades sont blessés, il rentre à Londres, fatigué de courir les guerres sans avoir le temps de les expliquer. Il se lance dans un projet documentaire sur les armes à feu aux Etats-Unis, « Gun Nation » (Visa d'Or du festival de Perpignan), dont il tirera un livre en 2007. Suivent des portraits autour du culte de la beauté, « Love me ». *« "The Family" irrigue aujourd hui tout mon travail »*, dit-il.

Christian Lutz

Né à Genève en 1973, il a étudié la photographie à Bruxelles, à l'école « Le 75 ». Christian Lutz revendique une démarche engagée, il mène un projet sur les pouvoirs politique, économique et religieux. Photographe indépendant, il est représenté par l'agence Strates en Suisse (où il vit) et par l'agence VU. Son travail au Nigeria fait l'objet d'un livre, *Tropical Gift* (éditions Lars Müller Publishers).

Guillaume Bonn

Un de ses arrière-arrière-grands-pères a participé à la conquête de Madagascar, lui y est né, en 1970. Guillaume Bonn se revendique comme *« Africain blanc »*. Après une enfance vagabonde, des Comores au Vietnam, il arrive, adolescent, au Kenya et y reste vingt-trois ans. Basé à Paris, il est l'auteur de *Le Mal d'Afrique*, paru en 2006 aux éditions Empire (New York).

Martina Bacigalupo

Elle est née à Gênes, en Italie, en 1978, et a fait des études de littérature et de philosophie avant d'apprendre la photographie à Londres. Partie en 2008 pour trois mois au Burundi, elle y restée. Membre de l'agence VU, elle travaille pour la presse et des organisations humanitaires.

Anne Chaon

Journaliste à l'Agence France-Presse, Anne Chaon contribue par ailleurs à diverses publications. Après avoir vécu et travaillé notamment au Liban, en Afrique et à New York, elle a suivi ces dernières années les questions d'environnement et de climat pour l'AFP.

Michel Guerrin

Né à Nice en 1957, Michel Guerrin n a jamais dissocié ses deux passions : le journalisme et la photographie. Au *Monde* depuis 1983, il a été chargé de la rubrique photographie tout en continuant ses enquêtes sur le monde de l'art et de la culture.

Jacques Vekemans

Il a 46 ans, vit à Paris depuis seize ans, mais il est belge. Adolescent, Jacques Vekemans parcourt les villes appareil en bandoulière. D'abord chercheur en sociologie à Namur, en Belgique, il devient photographe au cours d'une année passée à Austin, au Texas. Depuis, il s'intéresse, en tant que photographe, aux métiers, à la transmission des savoir-faire et aux organisations. Les grandes marques de luxe font appel à ce photographe indépendant.

Mohammad Golchin

C'est à Talesh, une ville de 40 000 habitants, au nord de l'Iran, que Mohammad Goldchin est né, en 1975, et vit. Venu à la photographie en autodidacte à 17 ans, il a un studio où il prend entre autres des photos de mariage. En 2007, il décide de s'intéresser aux écoles des villages perdus de sa région. Son travail a été projeté au festival Visa pour l'image de Perpignan en septembre 2011.

Patrice Terraz

Marseille, sa ville d'adoption, lui a donné le goût des gens de mer. Patrice Terraz, né en 1964, a grandi dans les Alpes, mais il est fasciné par le monde interlope du grand port du sud de la France qu'il fréquente depuis une quinzaine d'années. Il est l'auteur de *Welcome on board* (Images en manœuvres, 2005), *Itinérances* (Sangman, 2006) et *Cent visages du vaste monde* (Trans Photographic Press, 2009). Membre de Signatures, mi-agence, mi-collectif de photographes, il travaille pour la presse, les institutions, des architectes, etc.

Claudius Schulze

Claudius Schulze, né en 1984 à Munich, a étudié les sciences politiques et l'arabe à Hambourg, la résolution des conflits à Istanbul et la photographie à Londres. Il a maintenant un pied à Bruxelles, l'autre à Istanbul. Photographe indépendant, il est représenté par l'agence allemande Laif. Il est l'auteur d'un beau livre sur une île yéménite, *Socotra* (Lonely Island Books, 2011).

Evguenia Arbougaïeva

Elle est née en 1985 à Tiksi, en Sibérie, mais elle vit à New York. Après des études de management à Moscou, Evguenia Arbougaïeva a étudié la photo à l'International Center of Photography (IPC) de New York. Photojournaliste indépendante, elle garde une attirance particulière pour sa terre natale.

Denis Hiault

Journaliste, il a vécu pendant plus de trente ans sa passion pour l'actualité au gré de reportages et séjours prolongés au Tchad, en Iran, en Afrique du Sud, en Chine... Auteur de *Hong Kong : rendez-vous chinois* (Découvertes Gallimard, 1997), il a occupé divers postes à responsabilités à l'Agence France-Presse. Depuis trois ans, il a retrouvé Londres, son port d'attache favori.

Weng Naiqiang

Il a passé son enfance en Indonésie, où il est né, mais sa famille est chinoise. A 15 ans, il part pour Pékin étudier la peinture. Devenu photojournaliste, il travaille à partir des années 1960 pour *Le Peuple de Chine*, un magazine de propagande destiné aux Japonais, dont il dirigera le service photo. Agé de 76 ans, il vit dans la banlieue de Pékin.

Vardi Kahana

Née à Tel-Aviv, en Israël, en 1959, elle cultive aux Beaux-Arts son talent pour le dessin, avant de découvrir la photo. Vardi Kahana travaille en indépendante pour la publication hebdomadaire de *Yedioth Ahronoth*, le plus grand journal israélien. Exposée à travers le monde, elle est représentée à New York par la galerie Andrea Meislin.

Prochain numéro le 20 septembre 2012

Rédactrice en chef *Marie-Pierre Subtil (mp.subtil@6mois.fr)*
Directeur artistique *Quintin Leeds (q.leeds@6mois.fr)*
Maquette *Chloé Laforest (c.laforest@6mois.fr)*
6mois.fr *Victoria Scoffier (v.scoffier@6mois.fr)*

Rédaction
Mathilde Boussion (m.boussion@6mois.fr), Marion Quillard (m.quillard@6mois.fr), Victoria Scoffier (v.scoffier@6mois.fr)

Ont collaboré à ce numéro
Isabelle Eshraghi, Magali Jauffret, Laure Mandeville, Jordan Pouille, Katia Swarovskaya, Tess Raimbeau, Isabelle Talès, Armelle Vincent

Abonnements
6Mois, Service des abonnements, 27 rue Jacob, 75006 Paris, abonnements@6mois.fr. Paiement en ligne sur www.6mois.fr

Edité par 6Mois, SAS au capital de 100 000 €
Siège social : 27, rue Jacob, 75006 Paris
Président : Laurent Beccaria
Actionnaires : Rollin Publications (revue XXI), BSA (Beccaria Sivry et associées), Patrick de Saint-Exupéry, Marie-Pierre Subtil

Direction éditoriale *Laurent Beccaria (l.beccaria@6mois.fr) et Patrick de Saint-Exupéry (p.desaintexupery@6mois.fr)*
Direction de la communication *Laurence Corona (l.corona@6mois.fr)*
Secrétariat général *Jean-Baptiste Bourrat (jb.bourrat@6mois.fr)*
Droits étrangers *Catherine Farin (c.farin@6mois.fr)*
Relations libraires *Pierre Bottura (p.bottura@6mois.fr)*
Relations abonnés *Christine Blaise (c.blaise@6mois.fr)*
Comptabilité *Christelle Lemonnier (c.lemonnier@6mois.fr)*
Fabrication *Aleth Stroebel (a.stroebel@6mois.fr)*
Photogravure *Les Artisans du Regard, 224 avenue du Maine, 75014 Paris*
Impression *Druckhaus Kaufmann, Raiffeisenstr. 29, 77933 Lahr (Allemagne)*
6Mois est imprimé sur du Furioso 115 grammes de chez Sappi

Du papetier au distributeur en passant par l'imprimeur, toute la logistique de la fabrication est assurée par une combinaison optimale « train-route » au bilan carbone neutre. L'ensemble du processus est garanti par les systèmes internationaux les plus stricts de certification de gestion durable des forêts.

Contacts : +33(0)1 42 17 47 80 ou info@6mois.fr
ISSN : 2117-7260, ISBN : 979-10-90699-00-7
Dépôt légal : mars 2012